essentials

Essentials liefern aktuelles Wissen in konzentrierter Form. Die Essenz dessen, worauf es als „State-of-the-Art" in der gegenwärtigen Fachdiskussion oder in der Praxis ankommt. *Essentials* informieren schnell, unkompliziert und verständlich

- als Einführung in ein aktuelles Thema aus Ihrem Fachgebiet
- als Einstieg in ein für Sie noch unbekanntes Themenfeld
- als Einblick, um zum Thema mitreden zu können

Die Bücher in elektronischer und gedruckter Form bringen das Fachwissen von Springerautor*innen kompakt zur Darstellung. Sie sind besonders für die Nutzung als eBook auf Tablet-PCs, eBook-Readern und Smartphones geeignet. *Essentials* sind Wissensbausteine aus den Wirtschafts-, Sozial- und Geisteswissenschaften, aus Technik und Naturwissenschaften sowie aus Medizin, Psychologie und Gesundheitsberufen. Von renommierten Autor*innen aller Springer-Verlagsmarken.

Hilko Paulsen · Magdalena M. Hoffmann

Psychologie und Verwaltungskultur

Veränderungen verstehen und gestalten

Hilko Paulsen
Hannover, Deutschland

Magdalena M. Hoffmann
Hannover, Deutschland

ISSN 2197-6708 ISSN 2197-6716 (electronic)
essentials
ISBN 978-3-662-71445-4 ISBN 978-3-662-71446-1 (eBook)
https://doi.org/10.1007/978-3-662-71446-1

Die Deutsche Nationalbibliothek verzeichnet diese Publikation in der Deutschen Nationalbibliografie; detaillierte bibliografische Daten sind im Internet über https://portal.dnb.de abrufbar.

© Der/die Herausgeber bzw. der/die Autor(en), exklusiv lizenziert an Springer-Verlag GmbH, DE, ein Teil von Springer Nature 2025

Das Werk einschließlich aller seiner Teile ist urheberrechtlich geschützt. Jede Verwertung, die nicht ausdrücklich vom Urheberrechtsgesetz zugelassen ist, bedarf der vorherigen Zustimmung des Verlags. Das gilt insbesondere für Vervielfältigungen, Bearbeitungen, Übersetzungen, Mikroverfilmungen und die Einspeicherung und Verarbeitung in elektronischen Systemen.
Die Wiedergabe von allgemein beschreibenden Bezeichnungen, Marken, Unternehmensnamen etc. in diesem Werk bedeutet nicht, dass diese frei durch jede Person benutzt werden dürfen. Die Berechtigung zur Benutzung unterliegt, auch ohne gesonderten Hinweis hierzu, den Regeln des Markenrechts. Die Rechte des/der jeweiligen Zeicheninhaber*in sind zu beachten.
Der Verlag, die Autor*innen und die Herausgeber*innen gehen davon aus, dass die Angaben und Informationen in diesem Werk zum Zeitpunkt der Veröffentlichung vollständig und korrekt sind. Weder der Verlag noch die Autor*innen oder die Herausgeber*innen übernehmen, ausdrücklich oder implizit, Gewähr für den Inhalt des Werkes, etwaige Fehler oder Äußerungen. Der Verlag bleibt im Hinblick auf geografische Zuordnungen und Gebietsbezeichnungen in veröffentlichten Karten und Institutionsadressen neutral.

Springer ist ein Imprint der eingetragenen Gesellschaft Springer-Verlag GmbH, DE und ist ein Teil von Springer Nature.
Die Anschrift der Gesellschaft ist: Heidelberger Platz 3, 14197 Berlin, Germany

Wenn Sie dieses Produkt entsorgen, geben Sie das Papier bitte zum Recycling.

Was Sie in diesem *essential* finden können?

- Modelle, um Unterschiede in der Verwaltungskultur zwischen Behörden besser greifen zu können.
- Psychologisches Wissen, mit denen Sie Phänomene in Veränderungsprozessen in Verwaltungen verstehen können.
- Einen Überblick über das Spektrum von Veränderungskompetenzen.
- Ansätze zum Umgang mit Widerstand im Verwaltungsalltag.
- Einen Überblick über arbeitsbezogene Lernformen.
- Einen Einblick in die Entstehung von Gewohnheiten.
- Konkrete Beispiele sowie Tipps und Methoden zum Anwenden und Ausprobieren.

Inhaltsverzeichnis

1 **Einleitung – Psychologie und Verwaltungskultur** 1
   1.1 Was leistet die Psychologie? 1
   1.2 Was verstehen wir unter Verwaltungskultur? 4
   1.3 Take away – Botschaften 7

2 **Veränderungskompetenzen stärken – Entwicklung anstoßen** 9
   2.1 Psychologie der Veränderung im Verwaltungsalltag 9
   2.2 Das Spektrum der Veränderungskompetenzen 11
   2.3 Veränderungskompetenzen fördern 14
   2.4 Take away – Botschaften 17

3 **Psychologischer Widerstand – Eine wertvolle Informationsquelle** ... 19
   3.1 Warum Menschen Widerstand zeigen 19
   3.2 Wie sich psychologischer Widerstand im Verwaltungsalltag
       äußert 22
   3.3 Konstruktiver Umgang mit psychologischem Widerstand 23
   3.4 Take away – Botschaften 29

4 **Lernprozesse gestalten – Experimentierräume schaffen** 31
   4.1 Die Relevanz von Lernen im Verwaltungsalltag 31
   4.2 Dreiklang des arbeitsbezogenen Lernens 32
   4.3 Fehlerkultur und agiles Mindset 35
   4.4 Agile Lern- und Arbeitsmethoden 37
   4.5 Take away – Botschaften 39

5	Psychologie neuer Gewohnheiten – Routiniert handeln	41
5.1	Gewohnheiten – Autopilot des (Verwaltungs-)Alltags	41
5.2	Wie Gewohnheiten (nicht) entstehen	43
5.3	Wie Sie Gewohnheiten für Veränderungen nutzen	48
5.4	Methoden zur Unterstützung von Gewohnheiten	49
5.5	Take away Botschaften	52

Was Sie aus diesem *essential* mitnehmen können 53

Literatur 55

Über die Autoren

Dr. Hilko Paulsen ist Diplom-Psychologe und leitet seit 2022 die Personalentwicklung bei der Region Hannover. Zuvor war er in der Führungskräfteentwicklung bei der Zollverwaltung sowie als selbstständiger Berater und Trainer tätig. Als Autor hat er mehrere Bücher und Fachartikel veröffentlicht, u. a. zu den Themen Lernen, Kompetenzmanagement und Veränderungsprozesse.

Magdalena M. Hoffmann ist Verwaltungsbetriebswirtin und schloss ihren MBA Public Management mit einer Masterarbeit zur Agilen Verwaltung im Kontext Wertewandel ab. Aktuell ist sie als Referentin für Agile Verwaltungskultur bei der Region Hannover tätig. Dort gestaltet sie als Expertin für Methoden und Veranstaltungen verschiedene Formate, berät als Agile Coachin und ist gern gesehene Gästin auf Fachkonferenzen.

Einleitung – Psychologie und Verwaltungskultur

1.1 Was leistet die Psychologie?

Außenstehende, die an Verwaltungen denken, assoziieren diese oft mit Akten oder Gesetzesbüchern – nicht aber unbedingt mit Menschen. Der Kontakt zu Bürger*innen ist oft mittelbar, erfolgt z. B. per Schreiben und beschränkt sich ansonsten auf wenige Begegnungen, wie der Verlängerung von Ausweisdokumenten. Das Innenleben von Verwaltungen umfasst jedoch mehr und ist facettenreicher. Hier arbeiten Menschen zusammen. Damit kommt die Psychologie als die Wissenschaft vom menschlichen Erleben und Verhalten ins Spiel.

▶**Definition:** Die Psychologie ist die Wissenschaft vom menschlichen Erleben und Verhalten (Ulich & Bösel, 2005). Als empirische Wissenschaft stellt die Psychologie nicht nur Theorien und Modelle auf, sondern sammelt Daten, um die Aussagekraft von Theorien und Modellen zu überprüfen.

Mithilfe psychologischen Wissens können Sie Alltagsphänomene beschreiben sowie erklären und Methoden finden, wie (Zusammen-)Arbeit besser gestaltet werden kann.

Menschliches Erleben Das menschliche Erleben bezieht sich auf unser Innenleben, also wie wir die Welt wahrnehmen, was wir denken und fühlen. Es geht dabei vorranging nicht um Abweichungen und Störungen, sondern um alltägliche Dinge. Mit welcher Einstellung und welcher Stimmung starten wir in den Tag? Was und

© Der/die Autor(en), exklusiv lizenziert an Springer-Verlag GmbH, DE, ein Teil von Springer Nature 2025
H. Paulsen und M. M. Hoffmann, *Psychologie und Verwaltungskultur*, essentials, https://doi.org/10.1007/978-3-662-71446-1_1

wie denken wir über Veränderungen und mit welchen Gefühlen begegnen wir diesen? Wie nehmen wir Kolleg*innen und Führungskräfte wahr und bewerten ihr Verhalten? Was denken wir über uns selbst?

Menschliches Verhalten Menschliches Verhalten ist hingegen das, was gezeigt und auch von außen sichtbar und beschreibbar wird:

- In einer Online-Besprechung hatein Kollege am Anfang sein Mikrofon nicht stumm geschaltet und die anderen Teilnehmenden hören die spielenden Kinder im Hintergrund.
- Die Chefin äußert am Ende der Besprechung, dass das Team „sehr gute Arbeit" geleistet habe. Dies sind Verhaltensweisen, die sich auf eine spezifische Situation beziehen.

Verhalten kann jedoch auch regelmäßiger auftreten. Gerade in Verwaltungen, in denen geregelte Abläufe einen hohen Stellenwert einnehmen, kommen Gewohnheiten und Routinen zum Vorschein:

- Zuerst fährt ein Kollege morgens den Rechner hoch, begrüßt dann die anderen Kolleg*innen auf dem Flur. Nachdem die wichtigsten Mails abgearbeitet sind und die To-do-Liste aktualisiert ist, kocht er sich einen Kaffee in seinem Büro. Erfahrungsgemäß ist es dann zwischen 7:30 und 7:40 Uhr am Morgen.
- Ein Team geht nach der Teambesprechung gemeinsam in die Mittagspause.
- Nach einer Videokonferenz mit externen Teilnehmenden, verbleibt das Team im virtuellen Raum, um sich zu besprechen und den Termin gemeinsam zu reflektieren.

Aufgaben der Psychologie
Die Psychologie als Wissenschaft verfolgt dabei vier Aufgaben:

1. Beschreiben: Hier geht es darum, Erleben und Verhaltensweisen zu benennen und zu kategorisieren. Von Interesse sind auch Auftretenshäufigkeit und Verbreitung, z. B. ob und wie ausgeprägt Widerstand in einem Veränderungsvorhaben ist.

2. Erklären: Es geht darum, Antworten auf Fragen nach dem „Warum?" zu geben. Es werden Ursachen ermittelt, die bestimmtes Erleben und Verhalten begünstigen. Dabei lässt sich menschliches Erleben und Verhalten nicht auf eine einzige Ursache zurückführen. Zumeist kommt eine Vielzahl an Ursachen zusammen. Konkret kann z. B. die Frage gestellt werden: „Welche Faktoren fördern das Auftreten von psychologischem Widerstand?"

3. **Vorhersagen:** Aufbauend auf Erklären werden in Studien Vorhersagen getroffen und somit theoretische Modelle geprüft. Zudem ist mit der Vorhersage die Frage nach Auswirkungen und Folgen von menschlichem Erleben und Verhalten verbunden. Beispiele könnten sein: „Welche Folgen sind mit psychologischem Widerstand, welche mit Lern- und Veränderungsbereitschaft verbunden?"

4. **Beeinflussen:** Um gewünschtes Erleben und Verhalten zu fördern und Unerwünschtes zu minimieren, zielt die Psychologie darauf, Interventionsmethoden zu entwickeln, die einen positiven Einfluss haben. Dies können umfangreiche Trainingskonzepte oder auch kurze Übungen sein. Darüber ergeben sich aus Forschungsbefunden Hinweise, was anders gemacht werden kann, um gewünschte Ergebnisse zu erzielen.

Exkurs: Verhalten ist ein Wechselspiel zwischen Person und Situation

Oft kommt die Frage auf, warum sich Menschen verhalten wie sie sich verhalten. Grundsätzlich ist Verhalten ein Wechselspiel zwischen Person und Situation. Das heißt, das sowohl Merkmale der Person (z. B. Persönlichkeitseigenschaften, Fähigkeit oder Motivation) als auch der Situation (z. B. Planbarkeit einer Aufgabe, Zeit- und Termindruck) Einfluss auf das Verhalten nehmen.

Person und Situation können dabei sogar im Wechselspiel stehen. So kann es sein, dass eine Person, die besonders ehrgeizig ist, sich bei der Bearbeitung von monotonen Routineaufgaben je nach Situation ganz unterschiedlich verhält: Ohne Zeitdruck arbeitet sie langsam und schafft wenig, mit Zeitdruck fühlt sie sich herausgefordert und arbeitet die Vorgänge effizient ab. Hingegen kann eine Person, die klare Strukturen schätzt, bei Zeitdruck weniger leistungsfähig sein als ohne.

1.2 Was verstehen wir unter Verwaltungskultur?

Kultur ist ein Begriff, der häufig herangezogen wird, um Unterschiede zwischen Organisationen zu erklären. „Bei uns ist das anders" lautet ein typischer Ausspruch, mit dem Mitarbeitende auf die Besonderheiten aufmerksam machen wollen. Beim Begriff Verwaltungskultur lassen sich Unterschiede zwischen Verwaltung und anderen Systemen wie Wirtschaft und Wissenschaft ausmachen.

> **Verwaltungen als besondere Organisationen**
>
> - Verwaltungen sind an Gesetz und Recht gebunden: Das Handeln muss nicht nur im Einklang mit Gesetzen stehen. Es braucht für das Tätigkeitwerden auch eine gesetzliche Grundlage.
> - Verwaltungen haben eingeschränkte Spielräume: Haushaltsmittel werden zugewiesen und Ziele und Zwecke in Beziehung zur Politik (z. B. politische Beschlüsse bei freiwilligen Aufgaben einer Gemeinde) gesetzt.
> - Verwaltungen sind durch Regeln geprägt: Wenn-Dann-Programme geben den Rahmen vor, was zu tun ist, wenn Bedingungen erfüllt sind.
> - In der Verwaltungsausbildung liegt der Fokus auf rechtskonformer Auslegung und Bewertung und weniger auf Aspekten wie Reflexion und Kreativität.
>
> (vgl. Apelt und Männle, 2023).

Doch jede Behörde hat als Verwaltung ihre eigene Kultur. Selbst innerhalb einer Verwaltung gibt es Kulturunterschiede zwischen Organisationseinheiten. Der Begriff der Organisationskultur ist dabei wie der Gegenstand selbst oft wenig klar umrissen (Alvesson, 2012). Auch wenn demnach Kultur schwer zu greifen ist, gibt es geeignete Modelle, die helfen, Kulturunterschiede besser zu verstehen.

Kultur als Eisberg: Grundannahmen, Werte sowie Artefakte und Verhaltensweisen

Ein sehr bekanntes Modell der Organisationskultur stammt von Schein (2010) und umfasst drei Ebenen: (1) sichtbare Artefakte wie beispielsweise Prozesse und Verhaltensweisen, (2) Werte, die sich in Strategien und Zielen äußern sowie (3) oft

1.2 Was verstehen wir unter Verwaltungskultur?

implizite und unbewusste Grundannahmen, die sich in festen Überzeugungen und gewöhnlichen Wahrnehmungs- und Denkmustern zeigen.

Anhand dieser drei Ebenen können Sie Unterschiede zwischen Verwaltungskulturen beschreiben. So können Menschen in Organisationen beispielsweise gegenüber der Veränderungsfähigkeit von Menschen, Teams und Organisationen unterschiedliche Grundannahmen haben (z. B. „Menschen können sich schnell entwickeln" vs. „Erwachsene Menschen entwickeln sich kaum noch"). Auch können sich die Werte, die Stabilität und Veränderung beigemessen werden, unterscheiden („Wichtig ist, dass alles läuft wie gewohnt" vs. „Wichtig ist, dass wir fortschrittlich sind"). Schließlich zeigen sich Unterschiede in Artefakten (z. B. Besprechungsformaten) und Verhaltensweisen (z. B. beobachtbaren Verhaltensroutinen).

Weil die Grundannahmen und Werte weitgehend verborgen sind, lässt sich die Kultur mit der Metapher eines Eisberges, bei dem ein großer Teil unterhalb der Wasseroberfläche schwimmt, veranschaulichen. Aufbauend auf dem Modell schlagen wir eine Definition vor (Abb. 1.1).

▶ **Definition:** Wir verstehen unter Verwaltungskultur die Besonderheiten von Verwaltungen und ihren Einheiten in Grundannahmen, Werten sowie Artefakten, die sich insbesondere in der Zuschreibung von Bedeutungen und ausgebildeten Erwartungen zeigen. Ein besonderes Augenmerk in der Praxis liegt dabei auf den gelebten Werten der Führungskräfte und Mitarbeitenden, die im Verhalten sichtbar werden.

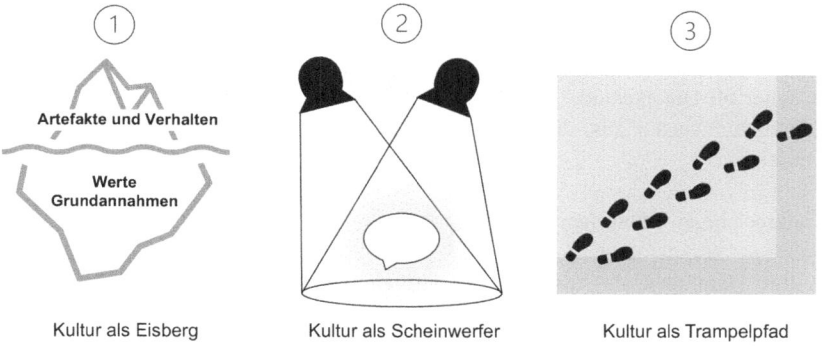

Abb. 1.1 Drei Modelle zur Beschreibung der Verwaltungskultur

Kultur als Scheinwerferlicht: Bedeutungszuschreibung
Kulturen unterscheiden sich darin, worauf Menschen im Alltag achten, was für sie bedeutungsvoll ist und sozusagen im Scheinwerferlicht steht (Alvesson, 2012). In Verwaltungen haben Regeln und Richtlinien einen hohen Stellenwert, jedoch nicht alle gleichermaßen. Beim Einstieg in eine Organisation oder ein neues Team müssen Menschen lernen, welche Aspekte betont und welche vernachlässigt werden. Manche Gesten oder Worte erhalten große Bedeutung, während andere kaum Beachtung finden.

Kultur als Trampelpfade: Erwartungen
Kultur kann auch als Erwartungsgeflecht aufgefasst werden, das sich durch wiederholtes Handeln ergeben hat, aber keine formale Grundlage hat (Kühl, 2018). Wenn beispielsweise zwei Kolleg*innen aus unterschiedlichen Fachgebieten sich immer wieder vor wichtigen Entscheidungen auf dem Laufenden halten, bildet sich die Erwartung heraus, dass dies in Zukunft auch geschehen wird – ohne, dass dies irgendwo offiziell geregelt ist. Ein wenig gleicht Kultur dann den Trampelpfaden, die z. B. in Parkanlagen entstehen, wenn Menschen wiederholt Abkürzungen nehmen. Der „kurze Dienstweg" ist ein typischer „Trampelpfad", der in vielen großen Organisationen entsteht.

Kultur prägt Erleben und Verhalten, Menschen prägen Kulturen Die Kultur beeinflusst menschliches Erleben und Verhalten in Verwaltungen. Doch wie entsteht Kultur? Neben Strukturen, Kommunikationswegen und Prozessen prägen auch Menschen die Kultur (Kühl, 2018). Menschliches Erleben und Verhalten wird also einerseits von kulturellen Aspekten beeinflusst, anderseits sind es auch Menschen, die auf die Kultur einwirken. In Behörden, in denen überwiegend Menschen mit einer Verwaltungsausbildung arbeiten, werden sich andere Kulturen entwickeln als in Behörden, in denen Menschen mit unterschiedlichen beruflichen Sozialisationen (z. B. Ingenieure oder Sozialarbeiter*innen) arbeiten. Innerhalb von Behörden gibt es daher oft Unterschiede zwischen Bereichen. Auch in Teams bilden sich unterschiedliche Muster aus, die bei größeren personellen Umbrüchen aufgebrochen werden.

Konkret prägen Menschen durch

1. Ihre Haltungen als Ausdruck von Grundannahmen und Werten („Mindsets") sowie
2. Verhaltensgewohnheiten durch regelmäßiges und konsistentes Handeln die Kultur in Teams und größeren Organisationseinheiten.

Dies können Ansatzpunkte für eine Kulturentwicklung sein. Führungskräfte können zwar die Kultur nicht direkt beeinflussen und per Schalthebel ändern, setzen durch ihr Handeln jedoch Aufmerksamkeits- und Bedeutungsfilter und rücken dadurch bestimmte Werte ins Scheinwerferlicht. Dies gilt ebenso für einflussreiche Mitarbeitende ohne Führungsfunktion.

1.3 Take away – Botschaften

- Die Psychologie ist die Wissenschaft vom Erleben und Verhalten und hat zur Aufgabe, dieses zu beschreiben, zu erklären, vorherzusagen und zu beeinflussen.
- Sowohl Personenmerkmale als auch Situation beeinflussen das Erleben und Verhalten.
- Unterschiede in der Verwaltungskultur verschiedener Behörden zeigen sich in Grundannahmen, Werten sowie Artefakten und Gewohnheiten.
- Kultur drückt sich zudem in der Zuschreibung von Bedeutung sowie Erwartungen aus.
- Einstellungen und Haltungen sowie Verhaltensgewohnheiten von Menschen prägen die Kultur.

Veränderungskompetenzen stärken – Entwicklung anstoßen

2.1 Psychologie der Veränderung im Verwaltungsalltag

In Verwaltungen sind Entwicklungen eher die Regel als die Ausnahme. Sie bewegen sich im Spannungsfeld von Veränderung und Stabilität (Farjoun, 2010). Um ihren Auftrag zu erfüllen, müssen Verwaltungen sich kontinuierlich an neue Rahmenbedingungen anpassen. Eine zentrale Herausforderung ist, das Tagesgeschäft aufrechtzuerhalten, während Abläufe hinterfragt und zukunftsgerecht gestaltet werden. Gesetze und Verordnungen begrenzen dabei die Autonomie, sodass Pflichtaufgaben nicht einfach zugunsten schneller Veränderungen entfallen können – ähnlich wie bei Bauarbeiten, bei denen der Verkehr weiterhin fließen muss.

▶ Verwaltungen bewegen sich im Spannungsfeld von Stabilität und Veränderung. Veränderungen müssen bei laufendem Tagesgeschäft vorangetrieben werden.

Darüber hinaus sind neue Gesetze oder Gesetzesänderungen sowie Krisen Treiber für Veränderungen im Verwaltungsalltag, die von Mitarbeitenden Anpassungsleistungen erfordern. Knappe Ressourcen wie Fachkräftemangel oder begrenzte Haushaltsmittel sorgen dafür, dass das Spannungsfeld zwischen Verändern und Bewahren in den Aufmerksamkeitsfokus gerät: Es geht nicht alles zur gleichen Zeit und Veränderungen kosten Zeit und Kraft.

Keineswegs erfolgen Veränderungen dabei nur reaktiv auf Impulse von außen. Auf Ebene der Organisation gibt es Initiativen, wie Verwaltungsreformprozesse und andere Aktivitäten, die von innen auf eine Veränderung abzielen (Reichard et al., 2019). Neben Strukturen, Prozessen sowie Methoden und Technologien sind vermeintlich weiche Themen wie der Faktor Mensch und die Kultur wesentliche Einflussgrößen bei Veränderungen.

Sie werden vermutlich auch schon die Erfahrung gemacht haben, dass Veränderungen keine Selbstläufer sind. Selbst dann, wenn Menschen sich für eine Veränderung entscheiden, fällt sie schwer. Es zeigen sich typische Herausforderungen bei der Umsetzung von Handlungen, die über Motivationsprobleme hinausgehen, so genannte Handlungsregulationsprobleme (Brandstätter & Bernecker, 2022):

- Mit einer Handlung nicht beginnen und sie aufzuschieben.
- Fehlende Ausdauer, eine anstrengende Handlung zu verfolgen und sie bei Unterbrechungen wieder aufzunehmen.
- Sich nicht von Zielen abwenden und lösen können, obgleich dies nicht mehr von Nutzen ist (z. B. weil das Ziel unerreichbar geworden ist oder alte Gewohnheiten ersetzt werden müssen).
- „Erstarren" aufgrund von Stimmungswechsel (z. B. durch zu viele Aufgaben, Rückschläge oder Stresserleben durch Überforderung).

Veränderungen, die von außen initiiert werden, können zudem schnell zur Überforderung und Stress führen – mit dem Risiko, dass die erhoffte Wirkung ausbleibt und sie in den Augen der Beteiligten „scheitern".

Warum Veränderungen oft Stress auslösen
Eine psychologische Theorie, die sich eignet, um typische (Alltags-)Phänomene in Veränderungsprozessen zu erklären, ist die *Conservation of Resources* Theory, kurz COR (Hobfoll et al., 2018).

Die Theorie besagt, dass

- Menschen und Gruppen danach streben, Ressourcen zu gewinnen, zu schützen und auszubauen. Ressourcen können dabei materiell (z. B. Geld, Büroausstattung) als auch immateriell (z. B. Wissen, Fähigkeiten, Status, Autonomie, soziale Beziehungen) sein.
- Der Verlust von Ressourcen wiegt schwerer als ihr Gewinn und führt häufig zu Stress, während der Aufbau und Erhalt von Ressourcen Anstrengungen und Investitionen erfordert.
- Ressourcenverluste machen aufgrund von Stress anfälliger für weitere Ressourcenverluste – es entwickelt sich schnell eine Eigendynamik in Form von

Verlustspiralen (z. B. sorgen Konflikte in Veränderungen oft dazu, dass auch Arbeitsbeziehungen beschädigt werden; der „Flurfunk" ist schwer einzufangen).
- Menschen, die über mehr Ressourcen verfügen, sind weniger anfällig für Ressourcenverluste (z. B. sorgen Veränderungskompetenzen dafür, dass Veränderungen gelassener betrachtet werden).

▶ Veränderungen können Stress auslösen, wenn Ressourcen (z. B. Status, Wissen, Macht oder Autonomie) bedroht sind. Der drohende Verlust von Ressourcen wirkt dabei stärker als der Gewinn. Veränderungskompetenzen helfen dem zu begegnen und Stress vorzubeugen.

Wenn Sie ein konkretes Veränderungsprojekt vorantreiben, ist es hilfreich einen Blick darauf zu haben welche Ressourcen bedroht sind und welche Kompetenzen bei Mitarbeitenden für eine erfolgreiche Umsetzung erforderlich sind, um diese bei Bedarf aufzubauen. Darüber hinaus ist es ratsam, generell Veränderungskompetenzen bei den Mitarbeitenden zu stärken. Diese machen einen konstruktiven Umgang mit Veränderungen über verschiedene Arten von Veränderungen hinweg – sei es eine Umstrukturierung, neue Softwareeinführung oder neue Arbeitsmethoden – wahrscheinlicher.

2.2 Das Spektrum der Veränderungskompetenzen

Wenn Sie Veränderungskompetenzen bei den Mitarbeitenden aufbauen wollen, brauchen Sie ein Verständnis, was sich genau dahinter verbirgt. Veränderungskompetenzen lassen sich wie folgt definieren:

▶**Definition:** Individuelle Veränderungskompetenzen umfassen alle Fähigkeiten, Fertigkeiten und Wissensbestände, sowie motivationale und selbstregulative Aspekte, die bei der Bewältigung neuartiger Arbeitsaufgaben und Veränderungsprozesse Mitarbeitende handlungs- und reaktionsfähig machen. Sie stellen Handlungsvoraussetzungen dar und zeigen sich in der erfolgreichen Bewältigung konkreter Arbeitsanforderungen (Vgl. Kauffeld & Paulsen, 2018).

Wir sprechen nicht von der Veränderungskompetenz im Singular, sondern im Plural von Veränderungskompetenzen, weil es ein ganzes Spektrum an Veränderungskompetenzen gibt. Um Ihnen eine Orientierung zu geben, beschreiben wir ein relevantes Spektrum an Veränderungskompetenzen, das unabhängig von konkreten Veränderungsanlässen und -zielen betrachtet werden kann:

- Wissen
- Veränderungsbereitschaft
- Selbstregulation und Selbstkontrolle
- Resilienz und Stressbewältigung
- Problemlöse- und Lernfähigkeiten

Wissen

Für den beruflichen Laufbahnerfolg haben DeFilippi und Arthur (1994) drei Aspekte als relevant beschrieben:

- *Knowing-Why* umfasst Wissen über die eigenen Werte und Interessen. Personen mit einer hohen Ausprägung wissen, welche Ziele sie aus welchen Gründen anstreben. Das Wissen über eigene Werte und Interessen, und damit die eigene Identität, fungiert wie ein innerer Kompass und hilft in Veränderungen Sinn zu stiften.
- *Knowing-How:* Dieses Wissen umfasst vor allem Prozesswissen, das zur Ausführung der Arbeitstätigkeit erforderlich ist – neben jobspezifischen ist auch das allgemeine Prozesswissen zentral (z. B. das Beschaffen und Bewerten von Informationen in einer digitalisierten Arbeitswelt).
- *Knowing-Whom:* Dieses Wissen umfasst das Wissen um Kontakte und ihre Kompetenzen innerhalb und außerhalb der eigenen Organisation. Es geht also um das berufliche Netzwerk.

Veränderungsbereitschaft

Eine wichtige Voraussetzung für Veränderung ist eine hinreichende Motivation (Güntner et al., 2019). Dabei können vier Komponenten unterschieden werden:

- Netto-Nutzen der Folgen einer Veränderung: Die subjektive Bewertung der Folgen (z. B. Nützlichkeit) spielt eine Rolle.
- Erwartete Wahrscheinlichkeit, mit der Veränderung gewünschte Folgen nach sich zieht.
- Die Selbstwirksamkeit, eigenes Verhalten zu verändern.
- Die Freude an der Tätigkeit, die mit der Veränderung einhergeht, selbst.

2.2 Das Spektrum der Veränderungskompetenzen

Selbstregulation und Selbstkontrolle
Eine hohe Bereitschaft allein reicht oft nicht aus, um Ziele ausdauernd zu verfolgen, da innere und äußere Widerstände auftreten. Es braucht ferner:

- Selbstregulation umfasst den Prozess, der Zielsetzung (z. B. Teilziele definieren), des Überwachens des Zielfortschritts sowie entsprechender Anpassungen, um Ziele zu erreichen sowie den Einsatz von Strategien, um Veränderungen nachhaltig umzusetzen (z. B. Gestaltung der eigenen Arbeitsumgebung, um produktiver zu sein oder Gewohnheiten zu etablieren, um effizienter zu handeln und diese systematisch nachhalten, Kap. 5).
- Selbstkontrolle bedarf es, um Zielkonflikte zu Gunsten der Veränderung aufrechtzuerhalten (z. B. das bewusste Ausblenden von Ablenkungen) und kostet in der Regel Kraft und Anstrengung (Inzlicht et al., 2021).

Resilienz und Stressbewältigung
Weil Veränderungen Stress auslösen können, braucht es Resilienz und Strategien der Stressbewältigung:

- Resilienz zeigt sich im erfolgreichen Umgang mit widrigen Umständen und Krisen. Ihr liegen Fähigkeiten zugrunde, sich in solchen Situationen anzupassen und handlungsfähig zu bleiben (Troy et al., 2023).
- Zur Stressbewältigung zählen problemfokussierte und emotionsfokussierte Strategien sowie Strategien zur Erholung (Lazarus, 1993; Sonnentag & Fritz, 2007):
  - Wer problemfokussierte Strategien anwendet, geht Probleme aktiv an und sucht nach Lösungen (z. B. durch Informationsbeschaffung, Ausprobieren, Gestaltung der Umgebung).
  - Wer emotionszentrierte Strategien nutzt, sorgt dafür, dass aufkommende negative Gefühle wie Ängste oder Ärger herunterreguliert werden (z. B. sich durch innere Dialoge beruhigen).
  - Wer Erholungsstrategien anwendet, sorgt dafür, mental abzuschalten und sich zu entspannen.

Problemlöse- und Lernfähigkeiten
Wenn Menschen Veränderungen umsetzen sollen, müssen sie oft neues Wissen erwerben sowie neue Fertigkeiten und neue Fähigkeiten entwickeln. Veränderungen führen zu Lernanforderungen. Menschen müssen daher in der Lage sein,

Lerngelegenheiten zu erkennen und zu nutzen – auch unabhängig von formalen Lernangeboten wie Weiterbildungen (Kortsch et al., 2024; ausführlich Abschn. 4.2).

2.3 Veränderungskompetenzen fördern

Veränderungskompetenzen lassen sich durch gezielte Personalauswahl, Personalentwicklung und lernförderliche Arbeitsgestaltung aufbauen. Hier fokussieren wir praktikable Methoden, die Sie direkt im Alltag nutzen können.

Market of Skills
Beim *Market of Skills* (Häusling et al., 2019) präsentieren sich Mitarbeitende gegenüber einer Gruppe einzeln mit ihrem persönlichen Markstand. Darin enthalten sind:

1. Skills, über die Mitarbeitende verfügen, die für die Tätigkeit, das Team oder Projekte relevant sind und die sie im Arbeitsalltag nutzen.
2. Skills, die von Interesse sein könnten – bislang aber vielleicht gar nicht so bekannt sind, sogenannte „verborgene Schätze".
3. Skills, die von den Mitarbeitenden erlernt werden wollen.

Die Methode beinhaltet von den „Besucher*innen" der Marktstände ein Feedback über:

- Skills, die Begeisterung auslösen.
- Skills, welche die Person vergessen hat, man ihr aber zuschreibt.
- Hilfestellung für die eigenen Lernziele.

Die Methode macht relevante Netzwerkkontakte (Knowing-Whom) und Kompetenzen sichtbar, stärkt die Selbstwirksamkeit und fördert die Lernfähigkeit, indem sie den Austausch von Alltagsskills und Lernzielen im Team erleichtert.

▶ **Tipp:** Vorhandene Skills einer Person und Lernziele einer anderen Person liefern Potenziale, sich in Tandems zusammen zu schließen um voneinander zu lernen.

Circle of Influence
Beim *Circle of Influence* (Covey, 1989) ordnen Sie Themen in Kreise der Kontrolle, des Einflusses und des Bedenkens ein mit den nachfolgenden Leitfragen.

2.3 Veränderungskompetenzen fördern

Leitfragen bei Circle of Influence

- Was habe ich unter Kontrolle?
- Worauf habe ich Einfluss?
- Was sollte ich beachten?

Die Methode hilft zu veranschaulichen, worüber Sie Kontrolle haben und auf was Sie Einfluss nehmen können. Dies kann die Selbstwirksamkeit und damit die Veränderungsbereitschaft stärken. Gleichzeitig ermöglicht es, Situationen, die nicht veränderbar sind, als solche zu identifizieren und zu akzeptieren (Abb. 2.1).

▶ **Tipp:** Der *Circle of Influence* eignet sich zur Reflexion in der Praxis auch sehr gut in Situationen, die von Personen als belastend erlebt werden, z. B. hohe Arbeitsdichte oder ein schwelender Konflikt. So können Maßnahmen im eigenen Wirkungskreis (Kreis der Kontrolle) definiert und Wünsche an andere Personen (Kreis des Einflusses) adressiert werden. Zudem könnte das entlastende Moment der Akzeptanz für Situationen eintreten, bei denen weder eine Maßnahme noch ein Wunsch möglich ist.

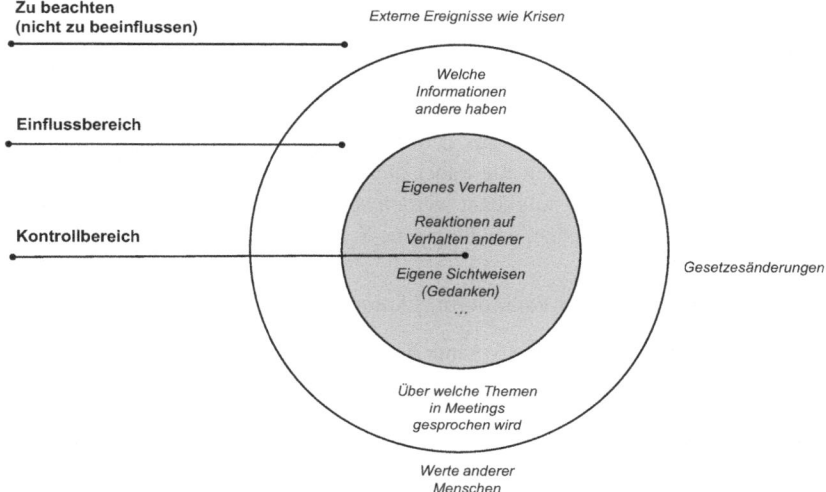

Abb. 2.1 Beispiel für einen Circle of Influence

> **Beispiel**
>
> Luca ist überfordert mit der aktuellen Arbeitsdichte. Aktuell ist das zu bearbeitende Antragsaufkommen sehr hoch und zusätzlich ist Luca noch in einer neuen Arbeitsgruppe zur Gestaltung des Wissensmanagements im Team. Unter Zuhilfenahme des Circle of influence schaut Luca auf die aktuelle Situation: Im Kreis der Kontrolle liegt zu einem gewissen Grad die Priorisierung der Aufgaben. Zudem kann Luca die Situation aktiv im Team ansprechen und um Unterstützung bitten. So kann Luca auch beeinflussen, dass Maßnahmen mit der Führungskraft oder im Team getroffen werden, wie mit dem aktuellen Arbeitsaufkommen umzugehen ist (z. B. Unterstützung erhalten oder bewusst Aufgaben ohne schlechtes Gewissen ruhen zu lassen). Außerhalb des Einflusses liegt die Höhe der Anträge, die aktuell Lucas Zuständigkeitsbereich erreichen. ◄

Wenn Sie andere Personen dabei anleiten und beobachten, dass diese Schwierigkeiten haben, Themen für den eigenen Einflussbereich zu benennen, können Sie Themen zudem herunterbrechen. In der Regel liegen Erfolge für große Veränderungsprojekte nicht im Einflussbereich des Einzelnen. Allerdings tragen einzelne Handlungen dazu bei, dass Veränderungsprojekte gelingen.

Fragetechniken

Fragetechniken eigenen sich im Dialog besonders gut, um zur inneren Klärung beizutragen und so die Veränderungsbereitschaft zu fördern (Klonek & Kauffeld, 2012). Sie können gezielt Fragen nach Gründen für eine Veränderung stellen oder Skalierungsfragen nutzen. Auch aus dem Coachingbereich können Sie einzelne Fragen nutzen. Fragen können Sie dabei nicht nur an andere stellen, bei denen Veränderungskompetenzen aufgebaut werden sollen. Sie können die Fragen auch für innere Dialoge gebrauchen, um die eigene Selbstregulation zu fördern.

> **Fragen zum Aufbau der Veränderungskompetenzen**
>
> - Was sind Gründe für eine Veränderung?
> - Angenommen die Veränderung ist gelungen: Was ist dann anders als vorher?
> - Wie wichtig ist die Veränderung persönlich auf einer Skala von 1 bis 10?
> - Was müsste passieren, damit es eine [Wert+1] wäre?
> - Was sollte in der Zukunft anders laufen?
> - Was würde helfen, damit die Veränderung erfolgreich umgesetzt wird?

- Was ist ein hilfreicher Schritt in Richtung Veränderung?
- Wie wurde in ähnlichen Situationen damit umgegangen? Was davon könnte hier hilfreich sein?
- Was braucht es, damit die Veränderung gelingt?

Planung: Teilaufgaben, Timeboxing und Pomodoro – ein evergreen
Das Zerlegen großer Aufgaben in Teilaufgaben und das Einplanen von Zeitfenstern *(Time-Boxing)* helfen Ihnen, schnell ins Handeln zu kommen. Die *Pomodoro-Technik* (Cirillo, 2018) kombiniert beides, indem zuerst Teilaufgaben festgelegt werden und dann in Zeitfenstern abgearbeitet werden, die weder überschritten noch durch andere Tätigkeiten unterbrochen werden sollten. Zwischen zwei Zeitfenstern werden kurze Pausen eingelegt. Dies fördert, dass Sie „Dranbleiben" und steigert so die Selbstwirksamkeit durch Erfolgserlebnisse. Sie hilft Ihnen auch, Herausforderungen anzugehen, konkrete Erfahrungen zu sammeln und daraus realistische Lernziele abzuleiten, statt sich in Sorgen und Mutmaßungen zu verlieren.

WOOP
WOOP ist eine evidenzbasierte Methode, bei deren Anwendung Sie psychologische Mechanismen nutzen, um Ziele trotz innerer Widerstände wie Zweifel ausdauernd zu verfolgen (Oettingen, 2015). WOOP ist ein Akronym, das für Wishes (Wünsche), Outcomes (Ergebnisse), Obstacles (Hindernisse) und Plan (Wenn-Dann-Pläne) steht. Zunächst stellen Sie sich einen wünschenswerten Zielzustand vor, malen sich diesen mit den Ergebnissen aus (z. B. das Gefühl, das neue Dokumentmanagementsystem gut bedienen zu können). Danach antizipieren Sie Hindernisse, die auftreten können (z. B., dass Sie das Ablegen aufschieben, weil das Programm nicht geöffnet ist). Das Treffen von Vorsätzen in Form von Wenn-Dann-Plänen hilft Ihnen, spezifische Bedingungen zu definieren, wann Sie konkretes Verhalten umsetzen werden (z. B. „Wenn ich morgens den Rechner starte, öffne ich das neue Dokumentenmanagementprogramm, um direkt damit zu arbeiten.").

2.4 Take away – Botschaften

- Beachten Sie, dass Menschen in Veränderungen oft Verluste erleben und dies Stress auslösen kann.
- Sorgen Sie dafür, Veränderungskompetenzen in Veränderungsprojekten zu aktivieren und bei Bedarf aufzubauen.

- Warten Sie nicht bis zur nächsten Veränderung, sondern fördern Sie darüber hinaus die Entwicklung von Veränderungskompetenzen, um Stress vorzubeugen und Menschen resilienter zu machen.
- Betrachten Sie das breite Spektrum allgemeiner Veränderungskompetenzen – beachten Sie dabei insbesondere auch die Veränderungsbereitschaft sowie Fähigkeit zur Selbstregulation und Selbstkontrolle.
- Nutzen Sie Methoden wie den Market of Skills, den Circle of Influence, Frage- und Planungstechniken sowie WOOP.

Psychologischer Widerstand – Eine wertvolle Informationsquelle

3.1 Warum Menschen Widerstand zeigen

Wenn Sie häufig Veränderungen anstoßen, werden Sie die Erfahrung machen, dass Menschen mit Widerstand reagieren können. Sie äußern Bedenken und Befürchtungen: Veränderungen seien gar nicht nötig, zu riskant oder ohnehin zum Scheitern verurteilt.

▶ **Definition:** Psychologischer Widerstand ist eine Einstellung gegenüber Veränderungen, die auf einer negativen Bewertung der Veränderung gegenüber dem Status Quo, negativen Gefühlen oder/und Handlungspräferenzen für die Beibehaltung des Status quo beruht.

Oft wird Widerstand als Grund für das Scheitern von Veränderungen ausgemacht. Diejenigen, die etwas bewegen wollen, empfinden Widerstand als lästig und anstrengend, weil er dazu führt, dass eine Veränderung nicht wie geplant von statten geht. Diejenigen, die Widerstand äußern, werden dann als Bedenkenträger*innen wahrgenommen, die das Vorhaben ausbremsen. Gerade Führungskräfte fühlen sich herausgefordert, sich durchzusetzen. Paradoxerweise können Führungskräfte dadurch den Widerstand verstärken (Ford et al., 2008; Endrejat & Meinecke, 2021).

> **Widerstand als Interaktionsphänomen – Ergebnisse empirischer Studien**
> Eine Studie zeigt, dass Überzeugungsversuche von Change-Agent*innen, die Veränderungen vorantreiben sollen, häufig scheitern und stattdessen sogar Widerstand auslösen (Klonek et al., 2014). Auf Widerstand von

> Mitarbeitenden folgt wiederum häufig ein restriktives Führungsverhalten (Güntner et al., 2020). Führungskräfte machen dann z. B. Druck oder sprechen Drohungen aus.
> Diese Dynamik kann zu einem Teufelskreislauf führen, in dem beide Seiten die Ursache des Verhaltens bei der jeweils anderen Partei sehen. Die Führungskraft macht Druck, weil Mitarbeitende Bedenken äußern. Mitarbeitende äußern Bedenken, weil sie sich unter Druck gesetzt fühlen.

Neuere Ansätze betonen den Wert von Widerstand als Ressource (Ford et al., 2008). Widerstand ist demnach ein gewöhnliches Phänomen, das sich in der Interaktion von Menschen zeigt und durch diese auch erzeugt wird. Widerstand liefert zudem wertvolle Informationen darüber, ob eine geplante Veränderung sinnvoll ist, was ihre Umsetzung erschwert und letztendlich auch, was zum Gelingen beitragen kann.

▶ Widerstand ist ein gewöhnliches Phänomen in Veränderungsprozessen. Widerstand liefert Informationen über Fallstricke und Erfolgsfaktoren in Veränderungsprozessen.

Um den Informationswert von Widerstand zu nutzen, ist es wichtig zu wissen, warum Menschen mit Widerstand reagieren. Widerstand kann

- eine Stressreaktion auf potenzielle Bedrohung sein (z. B. reagieren Menschen verärgert oder gereizt, weil die Veränderung Kompetenz oder Status infrage stellt und daher Unsicherheiten auslöst).
- Reaktanz auf bedrohte Autonomie darstellen (z. B. versuchen Menschen durch Widerstand Spielräume zu erhalten, die eingeschränkt werden).
- Ausdruck von Ambivalenz sein (z. B. wenn Mitarbeitende Vor- und Nachteile einer Veränderung für sich noch abwägen).
- eine Art Immunreaktion der Organisation sein (z. B. werden Veränderungen abgelehnt, weil sie eine Gefahr für das reibungslose Funktionieren darstellen).

Dabei können auch mehrere Aspekte zusammenkommen. Beispielsweise kann bei vielen Veränderungen Stress aufkommen und in der Folge können Mitarbeitende mit Reaktanz reagieren.

3.1 Warum Menschen Widerstand zeigen

Widerstand als Stressreaktion auf eine potenzielle Bedrohung
Veränderungen stellen eine potenzielle Bedrohung dar (Hobfoll et al., 2018). Veränderungen können den Status, die Kompetenz sowie Freiheiten gefährden. Schnell entstehen Ängste, Sorgen, Unsicherheiten und Stress. Menschen reagieren dann z. B. verärgert oder gereizt. In der Regel ist dies dysfunktional und lässt Konflikte hochschaukeln. Allerdings kann die Äußerung negativer Emotionen – sofern diese im Rahmen bleiben – auch funktional sein, da sie dem Ärger Gehör verschafft und Möglichkeiten zur Lösungsfindung eröffnet.

Widerstand als Reaktanz auf bedrohte Autonomie
Menschen haben eine Tendenz Autonomie und Wahlfreiheit aufrecht zu erhalten. Immer dann, wenn diese eingeschränkt werden, reagieren wir mit Gegenwehr. Deshalb haben Verbote oft auch paradoxe Effekte und machen die verbotene Alternative überhaupt erst attraktiv. Dies nennt sich Reaktanz (Brehm, 1966). Reaktanz wirkt auch bei Veränderungen, wenn Menschen das Gefühl haben, etwas tun zu müssen oder eingeschränkt zu werden.

Widerstand als Ausdruck einer Ambivalenz
Ferner können Mitarbeitende psychologisch noch in einer Phase sein, in der sie eine Veränderung für nicht notwendig halten oder noch hin- und hergerissen sind. Diese Ambivalenz gegenüber Veränderung kann von anderen als Widerstand erlebt werden. Nach dem transtheoretischen Modell der Veränderung (Prochaska & DiClemente, 1983) werden fünf Phasen unterschieden:

1. Absichtslosigkeit: Es besteht keine Absicht etwas zu verändern.
2. Absichtsbildung: Eine Veränderung kommt grundsätzlich in Betracht, ist aber noch nicht beschlossen.
3. Vorbereitung: Veränderungen werden geplant und erste Schritte unternommen.
4. Aktion: Handlungen in Richtung Veränderung überwiegen.
5. Aufrechterhaltung: Handlungen werden in Routinen überführt und auch bei Rückschlägen weiterverfolgt.

Je nach Handlungsphase haben Menschen ein anderes Mindset (Gollwitzer, 2012). Vor der Bildung einer Handlungsabsicht wägen Menschen Vor- und Nachteile ab, um zu entscheiden, ob ein Ziel wünschenswert und realistisch ist. Ist eine Absicht getroffen, werden nachteilige Information eher ausgeblendet. Es entsteht eine Art Tunnelblick, der hilft, die Veränderung anzugehen. In Veränderungskontexten treffen nun oft Menschen, die sich in unterschiedlichen Phasen befinden, aufeinander. Die einen wägen noch ab, während die anderen schon planen. Für

Menschen, die bereits planen, steht nicht zur Debatte, ob eine Veränderung notwendig ist. Abwägungsprozesse von anderen erscheinen unnötig. Dies kann dann zu einem „Tauziehen" oder „Ringen" führen und Widerstand produzieren: Je schneller Veränderungen vorangetrieben werden, desto stärker wird von der anderen Seite gebremst (Endrejat & Meinecke, 2021). Durch unterschiedliche Stufen können sich zudem Dynamiken in Teams und Bereichen ergeben: Mitarbeitende fühlen sich „abgehängt", wenn andere schon vorpreschen und Veränderungen schnell umsetzen. Mitunter boykottieren dann diese Mitarbeitende Veränderungen und versuchen so auf die Bremse zu treten, weil es ihnen viel zu schnell geht.

Widerstand als „Immunreaktion des Organismus"
Schließlich gibt es Sachgründe, die gegen eine Veränderung sprechen. Wenn stets jeder Impuls dazu führt, Abläufe zu hinterfragen, besteht die Gefahr, dass immer wieder alles umgeworfen wird. Die Effizienz geht verloren. Eine Weisheit lautet bekanntlich „Never change a running system". Demnach kommt Widerstand eine wichtige Funktion zu. Sie sorgt dafür, dass die Balance zwischen Erneuern und Bewahren gewahrt bleibt. Wie das Immunsystem eines Organismus, dient Widerstand dazu, das System vor dysfunktionalen Eingriffen zu schützen.

Um Widerstand konstruktiv zu begegnen, kommt es auf die innere Haltung an, die Widerstand nicht länger als lästiges Übel in Veränderungsprozessen betrachtet, sondern im Umgang mit Widerstand Chancen sieht, Veränderungen nachhaltiger zu gestalten. Gleichzeitig ist es sinnvoll, Widerstände frühzeitig aufzuspüren, um mit ihnen arbeiten zu können.

3.2 Wie sich psychologischer Widerstand im Verwaltungsalltag äußert

Verwaltungen sind hierarchisch organisiert. Führungskräfte können formal oft Entscheidungen treffen, die Konflikte in Veränderungsprozessen einseitig auflösen, indem sie von ihrem Direktionsrecht Gebrauch machen. Die Folgepflicht bei Veränderungen gehört sogar zu den Pflichten von beamteten Personen. Es wäre aber naiv anzunehmen, dass in Verwaltungen Veränderungen ohne Widerstand ablaufen. Widerstand ist auch in Verwaltungen zu beobachten.

Der Widerstand kann sich im Verhalten

- aktiv und offen (z. B. Protest, Bedenken vortragen),
- aktiv und verdeckt (z. B. Lästern, Flurfunk bedienen, Sabotage),

- passiv und offen (z. B. Dienst nach Vorschrift, Schweigen, Kleinigkeiten anführen) oder
- passiv und verdeckt (z. B. Aussitzen, es langsam angehen lassen, nicht aktiv nach Lösungen suchen) zeigen.

Je nach Kontext und Kultur dürften sich einige Formen ausschließen, weil sie nicht angebracht sind. Der Widerstand kann dann in einer Form zum Vorschein kommen.

Widerstand zeigt sich oft nicht nur in Taten, sondern auch in Worten. Gerade im Verwaltungsalltag werden Sie die Möglichkeit haben, in Gesprächen und Besprechungen Vorboten von Widerstand zu erkennen, wenn Sie genau hinhören. Dies gilt aber nicht nur für Widerstand, sondern auch für Veränderungsbereitschaft (Amrhein et al., 2003, Güntner et al., 2020).

▶ Widerstand und Veränderungsbereitschaft spiegeln sich in der Alltagssprache wider.

Unter dem Begriff „*Change Talk*" lassen sich Äußerungen in der Sprache einordnen, die Veränderungen bevorzugen. Diese lassen sich von „*Sustain Talk*", d. h. Äußerungen, die den Status quo bevorzugen, abgrenzen (Tab. 3.1).

Die Kenntnis, dass sich Motivation in der Sprache ausdrückt, schafft die Grundlage, um im Alltag genau hinzuhören. Dies hilft z. B. um

- auf Widerstand im Gesprächsverlauf adäquat zu reagieren (z. B. durch Nachfragen).
- stutzig zu werden, wenn Widerstand gar nicht offen geäußert wird und Raum für konstruktive Kritik zu schaffen.
- zu erfahren, ob neben Widerstand auch Veränderungsbereitschaft vorherrscht, um darauf aufzubauen oder diese gezielt hervorzulocken.

3.3 Konstruktiver Umgang mit psychologischem Widerstand

Die gute Nachricht ist: Dem psychologischen Widerstand können Sie konstruktiv begegnen. Der konstruktive Umgang mit Widerstand beginnt dabei mit einer wertschätzenden, ressourcenorientierten Haltung. Widerstand wird nicht abgewertet, sondern als etwas betrachtet, was wertvolle Informationen für die Gestaltung der Veränderung liefert. Ferner sollte auch der geäußerten Veränderungsbereitschaft Aufmerksamkeit geschenkt werden.

Tab. 3.1 Beispiele für Sustain Talk (Widerstand) und Change Talk (Veränderungsbereitschaft)

Sustain Talk (Widerstand)		Change Talk (Veränderungsbereitschaft)	
Facette	Beispiel	Facette	Beispiel
Gründe gegen eine Veränderung	„Am Ende habe ich doppelte Arbeit, weil ich ja auch noch in Papier was machen muss."	Grund für Veränderung	„Der Vorteil ist, dass wir dann alles digital haben."
Wunsch nach Aufrechterhaltung des Status Quo	„Ich wünsche mir, dass alles so bleibt wie jetzt."	Wunsch nach Veränderung	„Ich wünsche mir so sehr, dass wir das hinbekommen."
Fehlender Glaube in die Fähigkeiten	„Ich scheitere bei der Bedienung des Programmes."	Glaube in die Fähigkeiten	„Wir schaffen das mit der Digitalisierung."
Sonstiges	„Das bringt alles nichts."	Sonstiges	„Nichts tun ist auch keine Alternative."

Eigene Darstellung in Anlehnung an Klonek und Kauffeld (2012)

Das eigene Kommunikationsverhalten als Auslöser von Widerstand

Entsprechend der Annahme, dass Widerstand ein Interaktionsphänomen darstellt, ist das eigene Kommunikationsverhalten ein Schlüssel für den konstruktiven Umgang mit Widerstand. Typische Fehler bestehen darin, durch restriktives Verhalten die Autonomie von Menschen zu bedrohen, Stress auszulösen und Reaktanz zu erzeugen. Dies drückt sich in Verhaltensweisen aus, die oft Widerstand verstärken (z. B. Überzeugungsversuche, Appelle, Drohungen, Anordnungen, Ratschläge ohne Erlaubnis) oder auch unbeabsichtigte Abwertungen des Status Quo.

Für einen kompetenten Umgang mit Widerstand helfen Techniken wie

- Offene Fragen, z. B.: „Was genau sind die Nachteile an der Veränderung?"
- Würdigung, z. B.: „Ich höre, Sie haben sich schon mit der Veränderung auseinandergesetzt."
- Aktives Zuhören, z. B.: „Sie haben keine Zuversicht in den Erfolg der Maßnahme" als Antwort auf: „Das bringt alles nichts."
- Zusammenfassungen, z. B.: „Zusammenfassend sehen Sie die Veränderung, so wie sie angegangen wird, zum Scheitern verurteilt." (Vgl. Klonek & Kauffeld, 2012)

3.3 Konstruktiver Umgang mit psychologischem Widerstand

In Tab. 3.2 sind weitere konkrete Techniken mit Beispielen zum Umgang mit Widerstand aufgeführt.

Widerstände und Veränderungsbereitschaft im Gespräch hervorlocken
Manchmal kann es vorkommen, dass gar kein Widerstand geäußert wird. Es kann sein, dass tatsächlich kein Widerstand vorhanden ist. Möglicherweise verhindert jedoch eine Kultur der Stille, dass Widerstand geäußert wird. Es mag kontraintuitiv erscheinen: In diesem Fall wäre es aber förderlich, wenn Sie gezielt Widerstände hervorlocken. Allerdings sollten Sie dabei nicht die Brechstange verwenden, sondern z. B. durch offene Fragen („Welche Nachteile sehen Sie bei der Veränderung?") gezielt Einladungen senden, Widerstände zu benennen. Dasselbe trifft auf Veränderungsbereitschaft zu. Auch diese können Sie gezielt hervorlocken (z. B. „Welche Vorteile würde die Veränderung nach sich ziehen?").

Beides können Sie kombinieren, indem Sie

- zunächst die Vorteile des Status quo und Nachteile einer Veränderung erfragen,
- nach einigen Minuten den Gesprächsverlauf zusammenfassen,
- dann Vorteile einer Veränderung erfragen und schließlich
- nach einigen Minuten den Gesprächsverlauf zu den Vorteilen zusammenfassen.

Mit so einem Vorgehen beachten Sie, dass Widerstände Ausdruck einer Ambivalenz sind sowie eine „Immunreaktion" darstellen. So würdigen Sie zudem den Status quo und stellen ihn nicht versehentlich infrage. Das Vorgehen gibt Ihnen zudem Hinweise über das Verhältnis von geäußertem Sustain Talk (Widerstand) zu geäußertem Change Talk (Veränderungsbereitschaft). Daraus können sie wiederum Rückschlüsse ziehen, in welcher der fünf Phasen sich andere befinden Abb. 3.1. Bei der Absichtslosigkeit überwiegt der Sustain-Talk deutlich, bei der Ambivalenz halten sich Change- und Sustain-Talk die Waage.

Mit Methoden den Diskurs versachlichen
Methodische Kniffe helfen Ihnen bei einem konstruktiven Umgang mit Widerstand. Nützlich ist es, wenn Sie einen Perspektivwechsel anregen.

> **Beispiel**
>
> Arthur moderiert einen internen Workshop. Er entscheidet sich für eine Reflexion aus *„Alien-Sicht"* und stellt dem Team die Frage: „Stellen Sie sich vor, Außerirdische schauen auf unsere Welt und damit auch auf unsere

Tab. 3.2 Gesprächsmethoden zum Umgang mit Widerstand

Methode	Beschreibung	Beispielsequenz
Einfache Reflexion	Es wird der Inhalt paraphrasiert, um das Verständnis zu überprüfen.	A: „Das ist moderner Schnickschnack." B: „Das hat für Sie keine Priorität." A: „Genau, es hat keinen Mehrwert." B: „Ihnen persönlich bringt das nichts." A: „Meinem Team bringt es nichts. Es geht ja nicht um mich, sondern um mein Team."
Verstärkte Reflexion	Es wird der Inhalt übertrieben paraphrasiert, um Ausnahmen zu erhalten.	A: „Ich habe da keine Ideen." B: „Sie haben gar keine Ideen." A: „Das wäre übertrieben. Aber mir fehlen kreative Ideen."
Doppelseitige Reflexion	Es wird aus einer Botschaft zunächst der Widerstand und dann die Veränderungsbereitschaft betont.	A: „Ich würde ja, aber mein Team zieht da nicht mit." B: „Ihr Team hat da keinen Kopf für, gleichzeitig sehen Sie Vorteile." A: „Naja, wenn wir da besser aufgestellt wären, hätte das schon einen Nutzen."
Umdeuten (Reframing)	Widerstand wird als konstruktive Information umgedeutet.	A: „Wir sind oft gescheitert." B: „Sie haben viele Erfahrungen gesammelt."
Zustimmung mit einer Wende	Es wird zugestimmt, um das Gespräch auf ein anderes Thema zu lenken.	A: „Da sind wir zu schlecht aufgestellt." B: „Ja, da haben wir noch Nachholbedarf. Lassen Sie uns darüber sprechen, wo Sie gut aufgestellt sind."

(Fortsetzung)

3.3 Konstruktiver Umgang mit psychologischem Widerstand

Tab. 3.2 (Fortsetzung)

Methode	Beschreibung	Beispielsequenz
Persönliche Wahlfreiheit betonen	Es wird die Autonomie betont, um Reaktanz zu vermeiden.	A: „Ich kann mir nicht vorstellen, diese neue Methode in meinem Team auszuprobieren." B: „Ich werde Sie zu nichts überreden. Am Ende bleibt es Ihre Entscheidung, was Sie umsetzen."
Zur Seite treten	Den Themenstrang oder das Gespräch beenden.	A: „Ich bleibe dabei. Basta!" B: „Ich sehe, da sind Sie entschlossen. Es scheint das Beste zu sein, nicht weiter darüber zu sprechen."

In Anlehnung an Klonek und Kauffeld (2012)

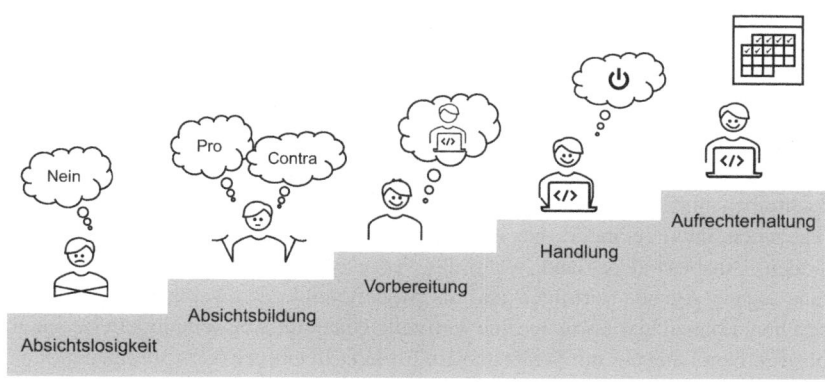

Abb. 3.1 Phasen der Veränderung nach Prochaska und DiClemente (1983)

Organisation herunter und beobachten die aktuellen Veränderungen. Welche Gedanken hätten Sie dazu?" Anfangs agierte das Team zurückhaltend, die eigene Arbeitswelt aus Aliensicht zu beschreiben. Doch diese Irritation ist von Arthur beabsichtigt, damit die Teammitglieder die Situation aus einer Beobachtungsperspektive beschreiben.◄

Durch den Perspektivwechsel nehmen Betroffene eine Beobachterperspektive ein. Dies hilft mit Distanz auf die eigene Situation und Lage zu schauen. Erfahrungen aus der Praxis zeigen, dass solche Vorgehensweisen Diskussionen versachlichen und gleichzeitig die Hemmschwelle verringern, Themen und Kritik zu platzieren. Wem die „Alien-Methode" zu verspielt wirkt, kann andere Perspektiven wählen (z. B. Bürger*innen, Vertreter*innen aus der Wirtschaft, Komiker*innen oder kritische Reporter*innen).

Die W^3-Methode aus dem Methodenkasten von Liberating Structures (Lipmanowicz & McCandless, 2013) eignet sich ebenfalls, um in konfliktreichen und von Widerstand geprägten Situationen einen an der Sache orientierten Diskurs zu unterstützen. Die Methode ist durch eine Sequenz von drei Fragen geprägt: „What, So What, Now What?". Im ersten Schritt (What?) werden Beobachtungen gesammelt. Im zweiten Schritt (So What?) werden Meinungen, Annahmen und Schlussfolgerungen geteilt. Im dritten Schritt (Now What?) werden Maßnahmen abgeleitet. Dies fördert ein gemeinsames Verständnis von komplexen Situationen.

▶ **Tipp:** Ergänzen Sie die W3-Methode um einen Papierkorb und eine Ideenbox zu einer W^5-Methode, indem sie die Fragen „Was möchten wir entsorgen?" und „Welche Ideen möchten wir festhalten?" aufnehmen.

Umgang mit Widerständen als Teil der Verwaltungskultur
Wenn Führungskräfte und andere Change-Agent*innen Widerstand einen Wert zuschreiben und es zur Gewohnheit machen auf Bedenken und Befürchtungen einzugehen, dann verändert dies über die Zeit die Kultur im Umgang mit Widerständen – insbesondere dann, wenn das Vorgehen zum Erfolg führt. Dritte, die keine eigene Agenda verfolgen und als Moderierende den Veränderungsprozess begleiten, können hier übrigens eine wertvolle Unterstützung sein, indem sie einen konstruktiven Umgang mit Widerständen fördern. In einigen Verwaltungen gibt es intern ausgebildete Personen, die Workshops moderieren oder Veränderungsprozesse begleiten. Darüber hinaus können externe Expert*innen beauftragt werden, wobei auf Erfahrungen in der Begleitung von Veränderungsprozessen zu achten ist.

Nicht am Widerstand festbeißen und Aufmerksamkeit gezielt ausrichten
Es kann natürlich vorkommen, dass trotz der oben beschriebenen Herangehensweisen einzelne Gesprächspartner*innen in der Absichtslosigkeit (Phase 1, Abb. 3.1) verharren. Es kann sogar vorkommen, dass vereinzelt Personen eine kooperative Haltung „ausnutzen". Hier sollten Sie sich nicht an diesem Widerstand „festbeißen", sondern zur Seite treten und die Aufmerksamkeit auf andere Personen richten, die auch Veränderungsbereitschaft zeigen.

In Arbeitsgruppen und Teams können Widerstände dazu führen, dass trotz vorhandener Veränderungsbereitschaft Ambivalenzen bestehen und sich die Gruppe somit blockiert. Oft sind dies Situationen, in denen Führungskräfte gefragt sind, eine Entscheidung zu treffen und die Ambivalenz dadurch aufzulösen. Es ist dann alles gesagt und es braucht dann eher Klarheit, wie es weitergeht.

3.4 Take away – Botschaften

- Begegnen Sie Widerstand offen und betrachten Sie Widerstand als Ressource.
- Hören Sie in Teambesprechungen, Workshops sowie Einzelgesprächen gezielt hin und achten Sie auf Change und Sustain Talk, der geäußert wird, wenn es um Veränderungen geht.
- Nutzen Sie in Einzelgesprächen offene Fragen, aktives Zuhören, würdigen Sie Äußerungen und fassen Sie das Gesagte zusammen, um Ambivalenzen im Umgang mit Veränderungen zu würdigen.
- Nutzen Sie Methoden, um von Widerstand geprägte Situationen zu versachlichen wie einen Perspektivwechsel, oder Gesprächstechniken wie doppelseitige Reflexionen.
- Fördern Sie bestehende Veränderungsbereitschaft, statt sich ausschließlich auf den Widerstand zu konzentrieren.

Lernprozesse gestalten – Experimentierräume schaffen 4

4.1 Die Relevanz von Lernen im Verwaltungsalltag

Ob neue Technologien, Trends oder Krisen – die moderne Arbeitswelt zeigt, wie bedeutsam Lernen in und von Verwaltungen ist und wie allgegenwärtig das Thema Veränderung ist. Dass Lernen zentral für die Zukunft von Verwaltungen ist, wurde in Reformbemühungen wie dem New Public Management oder dem Neuen Steuerungsmodell betont. Auch viele Neufassungen der Laufbahnverordnungen für beamtete Personen basieren auf dem Leitgedanken des lebenslangen Lernens und betonen die Bedeutung der Personalentwicklung.

▶ **Definition:** Lernen ist die dauerhafte Veränderung von Kompetenzen. Dazu zählen Wissen, Fähigkeiten und Fertigkeiten sowie Einstellungen. Arbeitsbezogenes Lernen umfasst den Erwerb von für die Stelle, den Beruf oder die eigene Laufbahn relevanten Kompetenzen und fördern so die Leistung (Kortsch et al., 2024). Lernen liegen mentale Prozesse zugrunde.

Lernen ist eine Eigenleistung
Weil Lernen auf Grundlage mentaler Prozesse beruht, ist Lernen stets eine individuelle Eigenleistung. Dies wird oft im Verwaltungsalltag unterschätzt, wenn Führungskräfte eine „Schulung" von Mitarbeitenden für angebracht halten und die Teilnahme an einer Schulung mit Lernen gleichsetzen. Doch Wissenserwerb erfolgt nicht wie ein Ladevorgang bei einem Elektrofahrzeug, sondern durch die aktive Auseinandersetzung mit den Inhalten.

Lernkultur prägt das Lernen in der Verwaltung
Ob gelernt und das Gelernte im Alltag genutzt wird, hängt auch vom Arbeitsumfeld ab. Unterstützen Führungskräfte und Kolleg*innen Versuche, Neues einzubringen oder wird dies unterbunden? Hier kommt die Lernkultur zum Vorschein, die das Lernen prägt.

▶**Definition:** „Die Lernkultur spiegelt die Bedeutung wider, die dem Lernen im Unternehmen beigemessen wird. Man kann sie auf mehreren Ebenen betrachten: als konkrete Artefakte und Verhaltensweisen, als Werte der Organisation, bezogen auf das Lernen, und als tief in der Organisation verankerte Annahmen zum Lernen" (Kortsch et al., 2019, S. 27).

Eine hohe Lernkultur drückt sich beispielsweise aus, indem

- es Handbücher, Leitfäden oder umfangreiche Weiterbildungskataloge gibt (*Artefakte*) sowie Wissen und Fehler geteilt werden (*Verhaltensweisen*).
- Mitarbeitende sich Zeit fürs Lernen nehmen dürfen ohne kritische Kommentare aus dem Kollegium zu hören (*Werte*).
- Die Möglichkeit gesehen wird, dass Menschen sich und ihre Fähigkeiten weiterentwickeln können (*verankerte Annahmen*).

4.2 Dreiklang des arbeitsbezogenen Lernens

Arbeitsbezogenes Lernen umfasst drei prototypische Lernformen: Formales, informelles und selbstreguliertes Lernen (Kortsch et al., 2024).

Formales Lernen Formales Lernen entspricht dem Klassiker. Wenn Sie Seminare, Trainings, Fort- und Weiterbildungen besuchen lernen Sie „formal". Inhalte und Ziele werden weitgehend von außen vorgegeben – sei es durch die Verwaltung, Bildungsinstitutionen wie Hochschulen, Studieninstitute, Fortbildungseinrichtungen oder externe Trainer*innen. Auch der Prozess wird weitgehend durch Externe gesteuert. Grundlage ist oft ein Curriculum, Lehr- oder Ablaufplan und am Ende gibt es eine Teilnahmebescheinigung oder Zertifikat. Der Vorteil ist, dass Inhalte vorher festgelegt werden können und sich für das Lernen Zeit genommen werden kann. Der Nachteil besteht darin, dass das Gelernte von der Anwendung entkoppelt ist. Wenn Sie „formal" lernen, dann stehen Sie immer vor der Herausforderung das Gelernte in den Alltag zu übertragen. Oft wenden Menschen nur teilweise das an, was Inhalt des Seminars oder des Trainings war. Manchmal sogar gar nicht.

4.2 Dreiklang des arbeitsbezogenen Lernens

Informelles Lernen Informelles Lernen ist wenig strukturiert. Wenn Sie informell Lernen, steht das Lernen gar nicht im Vordergrund, sondern die Erledigung von Aufgaben und Aufträgen. Informelles Lernen ist immer dann nötig, wenn vorhandenes Wissen nicht ausreicht und sich erst erschlossen werden muss. Das Lernen dient der Problemlösung und ist daher eher beiläufig. Lerninhalte und -ziele werden durch Probleme im Alltag bestimmt, der Prozess liegt in der Verantwortung der lernenden Person. Als Lernquellen dienen eigene Handlungen und deren Reflexion, andere Personen sowie externe Quellen wie Literatur.

Der Vorteil beim informellen Lernen ist, dass kein Transferproblem besteht. Das Gelernte wird direkt für die Lösung von praktischen Problemen genutzt. Der Nachteil ist, dass manchmal nur schnelle, kurzfristige Lösungen gefunden werden. Vielleicht kennen Sie dies von neuen Softwareanwendungen: Sie lösen das konkrete Problem, kommen auch zu einem Ergebnis, haben bei Weitem aber nicht die Funktionspallette in der Tiefe durchdrungen.

> **Exkurs: Ein Modell des informellen Lernens**
> Ein Modell, das informelles Lernen beschreibt, ist das Oktagonmodell (Decius, 2024, S. 7). Es beschreibt acht Komponenten des informellen Lernens:
>
> 1. Eigenes Ausprobieren: Experimentieren mit eigenen Lösungen und Ideen.
> 2. Modelllernen: Abschauen von erfolgreichen Vorgehensweisen bei anderen.
> 3. Direktes Feedback: Aktives Einholen von Rückmeldungen zur eigenen Arbeitsleistung.
> 4. Stellvertretendes Feedback: Erfahrungsaustausch mit Kolleg*innen – ohne konkret Feedback zur eigenen Leistung einzuholen.
> 5. Vorausschauende Reflexion: Nachdenken wie eine Aufgabe angegangen werden kann.
> 6. Reflexion im Nachhinein: Nachdenken wie eine Aufgabe erledigt wurde.
> 7. Extrinsische Lernintention: Lernen, um etwas zu erreichen (z. B. Anerkennung, Lob oder Beförderung).
> 8. Intrinsische Lernintention: Lernen aus Selbstzweck (z. B. Interesse und Freude am Lerninhalt).

Selbstreguliertes Lernen Das selbstregulierte Lernen grenzt sich von beiden Lernformen ab. Wenn Sie selbstreguliert Lernen steuern Sie als lernende Person den Lernprozess selbst. Im Unterschied zum informellen Lernen steht aber nicht allein die Lösung eines Problems im Vordergrund, sondern das Lernen für eine spätere Anwendung. Das Einarbeiten in ein neues Rechtsgebiet durch Lesen von Kommentaren wäre ein Beispiel für selbstreguliertes Lernen. Der Vorteil ist, dass Sie beim selbstregulierten Lernen selbst entscheiden, worauf der Fokus gelegt wird und das Tempo selbst bestimmen können. Der Nachteil ist, dass das selbstregulierte Lernen viel Motivation und Disziplin benötigt.

> **Tipp:** Kombinieren Sie formales, informelles und selbstreguliertes Lernen, um die Vorteile aller Formen zu nutzen.

In der Praxis treten die Lernformen nicht isoliert auf. Nach einem formalen Lernen kann selbstreguliertes Lernen folgen. Informelles Lernen kann zudem in selbstreguliertem Lernen übergehen, um nicht nur kurzfristig das Problem zu lösen, sondern mehr darüber zu erfahren.

Beispiel

Lucía ist Quereinsteigerin in einer Verwaltung. Sie nimmt im Zuge eines Onboardings an einem Seminar zu Grundlagen des Verwaltungswissens teil. Das macht sie neugierig. Sie setzt sich das Ziel, mehr über die Themen zu lernen und beschafft sich Lernmaterialien wie Bücher und Skripte. Im Arbeitsalltag nutzt sie Herausforderungen, die sich bieten, um zu schauen, wie Kolleg*innen, die über eine klassische Verwaltungsausbildung verfügen, an diese herangehen. ◄

Wenn Sie das informelle und selbstregulierte Lernen von anderen Menschen – sei es als Führungskraft oder Personalentwickler*innen – fördern wollen, besteht allerdings die Gefahr von paradoxen Effekten (Paulsen et al., 2024): Wenn Sie zu viel unterstützen und strukturieren, dann formalisieren sie diese Arten von Lernen. Im schlimmsten Fall demotivieren Sie dann die Mitarbeitenden. Besser ist es daher, indirekt anzusetzen und Aspekte der Veränderungskompetenz wie die Lernfähigkeit zu stärken oder einen konstruktiven Umgang mit Fehlern zu fördern.

4.3 Fehlerkultur und agiles Mindset

Viele Menschen in Organisationen wünschen sich eine Fehlerkultur. Dabei scheint es leichter gesagt als getan. Die Verwendung des Begriffs wird von einigen Autor*innen auch kritisch betrachtet und als „Sprechblase" bezeichnet (Kaduk et al., 2021). Gemeint ist, dass es oft dabei bleibt eine Fehlerkultur zu proklamieren, der Umgang mit Fehlern dann aber ein anderer ist. Die Befürchtung, dass bei Fehlern Schuldige gesucht werden, führe noch allzu oft dazu, dass Fehler unter den Teppich gekehrt werden.

Zu erklären ist dies damit, dass es Spannungsfelder gibt. Auf der einen Seite besteht der Wunsch nach einer Toleranz gegenüber Fehlern, auf der anderen Seite kommt es doch auf Zuverlässigkeit an. Nicht alle Fehler sind gleich. Einige Fehler haben wenig Auswirkungen und lassen sich korrigieren (z. B. die Datei falsch abzulegen, eine Rechnung nicht fristgerecht bezahlen). Andere Fehler können kostspielig sein (z. B. Kosten aufgrund einer Klage) und schwerwiegende Folgen haben oder gar lebensbedrohlich für Betroffene sein (z. B. Datenlecks in Zeugenschutzprogrammen).

Haltung zu Fehlern prägt den Umgang mit ihnen
Gerade in vielen Organisationseinheiten in Verwaltungen kommt es darauf an, dass gründlich gearbeitet wird. Es wird hoher Aufwand betrieben, damit Fehler nicht geschehen. Dies kann allerdings auch dazu führen, dass aufkommende Fehler negative Gefühle wie Scham oder Schuld auslösen und dies zu einem dysfunktionalen Umgang mit Fehlern führt. Der Ansatz des Fehlermanagements (Frese & Keith, 2015) stärkt als Gegenentwurf eine sachliche Auseinandersetzung mit Fehlern. Zugrunde liegt die Annahme, dass Fehler in komplexen Systemen unausweichlich und potenziell schlecht sind, jedoch in etwas Gutes gewandelt werden können. Wenn Menschen in Organisationen diese Annahme teilen, prägt dies die Fehlerkultur und führt in der Folge zu

- einer besseren Antizipation und Vorbereitung auf Fehler,
- einer schnelleren Identifikation von (Beinah-)Fehlern,
- Routinen, um mit Fehlern umzugehen,
- offenen Kommunikation und
- gegenseitigen Unterstützung im Umgang mit Fehlern.

> **Exkurs: Psychologische Sicherheit als Basis für eine Fehlerkultur**
> Das Lernen aus Fehlern wird durch eine *psychologische Sicherheit* gefördert. Bei einer hohen psychologischen Sicherheit haben Menschen den Eindruck, dass sie offen Bedenken und Kritik äußern sowie auf Fehler und Gefahren hinweisen können – ohne dafür kritisiert oder belächelt zu werden (Edmonson et al., 2014). Psychologische Sicherheit steht in einem Zusammenhang mit dem Lernverhalten von Mitarbeitenden und Teams, wie eine Meta-Analyse zeigt, die über 136 Einzelstudien zusammenfasste (Frazier et al., 2017).

Agiles Mindset – aus Fehlern schnell lernen
Agile Ansätze schreiben dem „Scheitern" einen hohen Lernwert zu, was sich in der Haltung „Fail fast, learn fast" ausdrückt. In der Entwicklung neuer Produkte geht es darum sich Feedback einzuholen, das frühzeitig Schwachstellen, Lücken und Fehler aufzeigt. Im Sinne eines Härtetestes sollen Fehler gezielt identifiziert werden, um zu lernen. Entsprechend finden sich in agilen Ansätzen auch konkrete methodische Herangehensweisen, wie das Experimentieren durch Prototypen, Feedback und Iterationen (Petermann & Zacher, 2021), wieder.

Auf den ersten Blick mag der Ansatz für Verwaltungen, die Kontinuität ausstrahlen, ungeeignet erscheinen. Doch auf den zweiten Blick gibt es auch hier Parallelen. Gerade in Verwaltungen gibt es zunehmend komplexe Aufgaben, die die Vernetzung unterschiedlicher Expertise erfordern. Wenn hier lange an Konzepten gearbeitet wird, aber entsprechende Fachbereiche nicht frühzeitig beteiligt werden, müssen die Konzepte oft umfangreich überarbeitet werden. Dies erfordert lange Entwicklungszeiten. Noch zeitraubender ist es, wenn die Umsetzung gestoppt wird, weil eine zuständige Organisationseinheit die Mitzeichnung aufgrund von fachlichen Bedenken verweigert. Bereits frühe Beobachtungen von Niklas Luhmann aus der Mitte des 20. Jahrhunderts (Luhmann, 2021) zeigen, dass in Verwaltungen wichtige Entscheidungen vorab besprochen werden und so Unsicherheiten absorbiert werden, damit bei der formellen Umsetzung kein Widerstand bei der Mitzeichnung aufkommt. Agile Ansätze können geeignet sein, diese Unsicherheiten zu reduzieren, indem frühzeitig Feedback zu Entwürfen eingeholt wird.

4.4 Agile Lern- und Arbeitsmethoden

Um Lernprozesse zu gestalten, bieten sich verschiedene Vorgehensweisen an. In der Personalentwicklung lässt sich aus den Schritten Bedarfsanalyse, Planung und Durchführung sowie Evaluation ein Zyklus beschreiben (Kortsch et al., 2024). Einzelne Lernepisoden können in der Dauer variieren von umfangreichen, modulhaften Programmen, über eintägige Trainings oder einzelne Lernsequenzen bis hin zu Übungen in Teambesprechungen.

Im Nachfolgenden legen wir den Fokus auf agile Lern- und Arbeitsmethoden, die geeignet sind, im Prozess der Arbeit die Vorteile von formalem, informellem und selbstreguliertem Lernen zu kombinieren. Sie eignen sich besonders für neuartige Arbeitsaufgaben, die ein Explorieren in kleineren Experimentierräumen benötigen.

Prototyping und Feedback einholen

Eine Methode ist das Erstellen von Entwürfen, das sogenannte *Prototyping*. Dies wird kombiniert mit dem Testen des Prototypens, in dem Feedback von relevanten Stakeholdern eingeholt wird. Dieses Vorgehen ist durch den Ansatz des Design Thinkings verbreitet worden (Sauter et al., 2018). Beim Feedback können zwei alternative Entwürfe (A- und B-Varianten) gegeneinander getestet werden. Zudem kann bewusst darauf geachtet werden, dass der Prototyp einem minimal viable product (engl. für Minimal überlebensfähiges Produkt) entspricht, das bereits einen praktischen Mehrwert liefert. Durch die Arbeit mit Prototypen wird der Anspruch auf ein fehlerfreies, perfektes Arbeitsergebnis aufgegeben. Fehler und Abweichungen werden erwartet und Überarbeitungsschleifen einkalkuliert. Dies eignet sich, um im Prozess der Arbeit zu lernen.

Beispiel

Marion hat eine herausfordernde Aufgabe. Sie muss eine Entscheidungsvorlage für die Behördenleitung über ein wichtiges Vorhaben anfertigen. In dem Vermerk, der als Entscheidungsgrundlage dient, muss sie in einem Abschnitt in wenigen Sätzen den Sachverhalt möglichst präzise und prägnant darstellen. Sie erstellt den Vermerk, der beim Textabschnitt zwei Entwürfe beinhaltet und bittet ihre Führungskraft um Feedback. Diese kann sich nun für eine Variante entscheiden und den Vermerk nutzen oder noch einmal detailliertes Feedback geben. ◄

Sprints und Retrospektiven

Abgeleitet aus dem Scrum-Framework lassen sich Lern- und Arbeitsprozesse in Sprints (z. B. von zwei Wochen) unterteilen und Ergebnis sowie Prozess in einer Retrospektive reflektieren (Kortsch et al., 2024, Sauter et al., 2018). Der Grundgedanke hierbei ist, dass schnell auf Veränderungen reagiert werden kann und gleichzeitig ein Fokus auf dem Handeln liegt. Gerade bei neuartigen Aufgaben, die nicht im Detail planbar sind, hilft es, erst einmal konkrete Erfahrungen zu sammeln. Statt sich viele Gedanken zu machen, wird erst einmal ausprobiert. Retrospektiven können beispielsweise mit der Fünf-Finger-Methode durchgeführt werden.

Beispiel

Cornelius nutzt zur Reflexion eines Sprints, mit dem eine neuartige Aufgabe angegangen wurde, die *Fünf-Finger-Methode*. Die Methoden besteht aus fünf Fragen, die den fünf Fingern zugeordnet werden:

- Daumen: Was war im Prozess gut?
- Zeigefinger: Was könnten wir besser machen?
- Mittelfinger: Was lief nicht so gut?
- Ringfinger: Was nehme ich an Lernerfahrungen mit?
- Kleiner Finger: Was ist zu kurz gekommen?◄

▶ **Tipp:** Es gibt verschiedene Varianten der Fünf-Finger-Methode. Passen Sie Methoden gerne an. So kann eine Fragestellung nicht für das Team passen und der Zugang über eine andere Fragestellung leichter möglich sein.

Feedforward – Lernen für die Zukunft

Beim Feedforward handelt es sich um einen Ansatz, der eine vorausschauende Reflexion sowie stellvertretende Feedbacksuche und somit das informelle Lernen fördert und sich in verschiedenen Instrumenten und Methoden widerspiegelt (Paulsen et al., 2025). Ein Weg besteht beispielsweise darin, dass Sie sich ein Lernziel setzen und dann von anderen Personen Tipps einholen, wie sie das Lernziel erfolgreich umsetzen können.

Weitere Ansätze zum arbeitsbezogenen Lernen

Die oben beschriebenen Ansätze stellen eine Auswahl dar (für weitere Beispiele siehe Kortsch et al., 2024). Es gibt weitere Methoden, die sich eignen das selbstregulierte Lernen zu fördern (z. B. *Working Out Loud®*, *LernOS*, *KGSt-WiN*) oder das informelle Lernen wahrscheinlicher zu machen (z. B. durch Hospitationen, kollegiale Beratung oder After Action Reviews) und im Alltag zu nutzen.

4.5 Take away – Botschaften

- Unterschiedliche Lernkulturen prägen das Lernen in der Verwaltung und bieten einen Hebel, um das Lernen zu fördern. Führungskräften kommt dabei eine besondere Bedeutung zu.
- Arbeitsbezogenes Lernen umfasst formales, informelles und selbstreguliertes Lernen. Die drei Lernformen haben Vor- und Nachteile. Die Nutzung mehrerer Lernformen hilft die Vorteile zu kombinieren.
- Fehler sind unausweichlich und bieten die Chance zu lernen. In modernen, komplexen Arbeitswellten braucht es zunehmend Experimentierräume, bei denen gezielt Fehler gesucht werden, um zu lernen.
- Konkrete Methoden helfen, Arbeiten und Lernen stärker zu verbinden und Experimentierräume zu nutzen, z. B. Prototyping, Sprints oder die Fünf-Finger-Methode.

Psychologie neuer Gewohnheiten – Routiniert handeln

5.1 Gewohnheiten – Autopilot des (Verwaltungs-)Alltags

„Das haben wir schon immer so gemacht!" – Vermutlich werden Sie eine solche Aussage so oder so ähnlich bereits gehört haben, wenn Sie ein Vorgehen mit dem Ziel, es effizienter zu gestalten, hinterfragt haben. Einerseits entspricht diese Aussage dem Klischee über die Haltung von Menschen in Veränderungsprozessen, anderseits ist sie ein Indikator für die Macht der Gewohnheit. Damit zeichnet sich auch die Ambivalenz ab, die mit Gewohnheiten einhergeht: Sie können funktional und dysfunktional zugleich sein. Gewohnheiten können Gutes bewahren, aber auch Fortschritt verhindern. Wenn Sie aktiv Veränderungen bei sich oder anderen Menschen initiieren und erfolgreich umsetzen wollen, dann ist das Wissen über Gewohnheiten äußerst nützlich. Denn Sie können die Macht der Gewohnheit nutzen, um nachhaltige Verhaltensänderungen zu bewirken.

Viele Veränderungsvorhaben in Verwaltungen zielen darauf ab, dass sich Gewohnheiten ändern. Sei es die neue Software, das Dokumentenmanagementsystem oder die Etablierung neuer Prozesse.

Doch was sind Gewohnheiten? Gewohnheiten gibt es im Alltag reichlich: Vom Aufstehen bis hin zum späten Abend strukturieren sie das Handeln. Sie reichen vom morgendlichen Kaffee oder Tee, dem Arbeitsweg über Feierabendrituale bis hin zu Gewohnheiten am Abend vor dem Schlafen (z. B. Lesen, Podcasts hören, Fernsehen gucken, Smartphonenutzung). Im Büro gibt es ebenfalls Gewohnheiten zu beobachten. Einige Mitarbeitende fahren erst den Rechner hoch, die anderen begrüßen erst einmal die anwesenden Kolleg*innen. Regelmäßige Besprechungen wie Teammeetings oder Dailys gehören ebenfalls zu den Gewohnheiten, die sogar ganze Teams betreffen können. Im Verwaltungsalltag gibt es auf vielen Arbeitsplätzen zudem Vorgänge, die stark durch Wenn-Dann-Regeln geprägt sind und Routineaufgaben bilden. Auch hier spielen Gewohnheiten eine große Rolle, indem viele Arbeitsvorgänge gewohnheitsmäßig gestartet werden, wenn ein Ereignis auftritt.

Was Gewohnheiten aus psychologischer Sicht eint, ist dabei nicht das „Was", sondern das „Wie" der jeweiligen Tätigkeit (Wood, 2024). In der Psychologie werden zwei Systeme unterschieden, nämlich die Art und Weise, wie menschliches Erleben und Verhalten gesteuert wird (Kahneman, 2011). Ein schnelles, intuitives System, das wenig Aufmerksamkeit benötigt (System 1) und ein langsames, bewusstes System, das Anstrengung erfordert (System 2). Gewohnheiten laufen im System 1 und damit quasi auf Autopilot. Dies ermöglicht effizientes Handeln, da weniger Aufmerksamkeit auf die Handlung gerichtet wird. Es bleibt dann gedankliche Kapazität für andere Dinge.

▶**Definition:** Gewohnheiten sind im Gedächtnis verankerte Tendenzen, automatisch mit einem bestimmten Verhalten auf Hinweise zu reagieren, dass in der Vergangenheit auch gezeigt wurde. Die Aktivierung von Hinweisreizen führt oft – aber nicht immer – zu gewohnheitsmäßigen Reaktionen. Gewohnheitsmäßige Reaktionen können beobachtbare Handlungen ebenso wie Gedanken sein, die automatisch auftreten (Vgl. Verplanken & Orbell, 2022).

Immer dann, wenn Sie bei einer Tätigkeit nicht an die eigentliche Tätigkeit denken, sondern an etwas anderes, ist dies ein guter Indikator, dass gerade eine Gewohnheit ausgeführt wird (Wood, 2024). Ein gutes Beispiel aus dem Alltagsleben für das Bilden von Gewohnheiten ist das Autofahren. So mühselig und anstrengend es im ersten Moment in der Fahrschule erscheint, gleichzeitig an den Gangwechsel, Blinker, den Schulterblick und Vieles mehr zu denken, so automatisch laufen diese Dinge nach einer längeren Fahrpraxis von allein ab. Die Abläufe sind über regelmäßige Wiederholungen und Routinen zur Gewohnheit geworden und es ist nun möglich, nebenbei z. B. ein Gespräch zu führen. Das Beispiel zeigt auch, dass es graduelle Unterschiede gibt. Im Alltag erfolgen bestimmte Verhaltensweisen mehr oder weniger stark aus Gewohnheit.

Immer dann, wenn wir nicht im gewohnheitsmäßigen Handeln sind, ist bewusstes Denken und Überlegen gefordert und dies kann anstrengend und überfordernd sein (Wood, 2024). Ohne Gewohnheiten würde unser Alltag erheblich mehr Kraft kosten. Jede noch so kleine Handlung würde viel Aufmerksamkeit beanspruchen und wir müssten ständig überlegen, was wir tun.

Wenn Sie eine Aussage wie „Das haben wir schon immer so gemacht!" hören, kann dahinter das Bedürfnis stecken, die Aufmerksamkeitsressourcen zu schonen. Oft müssen bei Veränderungen alte Gewohnheiten durch neue Gewohnheiten ersetzt werden. Doch gerade die Veränderung von Gewohnheiten ist mit viel Aufwand verbunden und Menschen sind bestrebt, Ressourcen zu schonen (Hobfoll, 2018, Abschn. 2.1).

5.2 Wie Gewohnheiten (nicht) entstehen

Wie viel Zeit entfällt auf gewohnheitsmäßige Handlungen? Schätzungen zur Folge verbringen wir Menschen ca. 43 % unserer Zeit mit gewohnheitsmäßigen Handlungen (Wood, 2024). Gewohnheiten machen also auch vor dem Arbeitsleben nicht halt. Weil Gewohnheiten im Autopilot ablaufen, ist uns oft gar nicht bewusst, dass wir aus Gewohnheit handeln.

Manchmal streben wir allerdings an, alte Gewohnheiten zu ersetzen und neue Gewohnheiten zu entwickeln. Vielleicht betrifft es auch Sie: Der Jahreswechsel, ein Projektende oder die Rückkehr nach dem erholsamen Urlaub bieten oft Anlässe zur Reflexion. Schnell entsteht der Wunsch, künftig Vieles

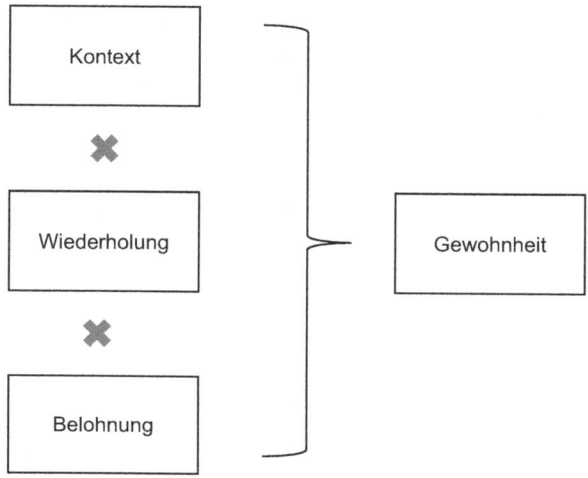

Abb. 5.1 Einflussfaktoren auf die Entstehung von Gewohnheiten (Wood, 2024)

besser zu machen. Dies kann die To-Do-Liste sein, die zu Feierabend geschrieben werden will, die Erhöhung fokussierter Arbeitszeit (z. B. ohne Blicke ins E-Mail-Postfach) oder regelmäßiges Arbeiten im Stehen, wo es doch den höhenverstellbaren Schreibtisch gibt. Auch der Besuch eines Trainings kann dazu führen, dass wir unsere Gewohnheiten ändern wollen. Manchmal fehlt bereits der Wille, dies wirklich umzusetzen. Doch selbst, wenn der Wille anfangs stark war, funktioniert die Umsetzung oft nicht wie gewollt.

Zum einen überschätzen wir die Wirkung unserer Wünsche und Absichten in Bezug auf unser künftiges Verhalten. In Untersuchungen wurden diese stärker gewichtet als Faktoren wie die Persönlichkeit, die Situation oder auch das Verhalten in der Vergangenheit. (Pronin & Kugler, 2010). Zum anderen werden häufig eine oder mehrere der wesentlichen Aspekte der Gewohnheitsbildung missachtet. Hierzu zählen Kontext, Wiederholung und Belohnung (Abb. 5.1).

▶ Bei Gewohnheiten sind drei Faktoren wichtig: Kontext, Wiederholung und Belohnung. Insofern bilden sich Gewohnheiten nicht (nur) aus einer Kombination von Willen und Wiederholung aus.

Kontext
Der Kontext ist ein wesentlicher Faktor bei Gewohnheiten. Er beinhaltet Reize, die stark mit Verhaltenstendenzen verknüpft sind und so gewohnheitsmäßige Handlungen auslösen. Dieser Faktor wird aber dann, wenn wir alte Gewohnheiten ersetzen oder gänzlich neue Gewohnheiten bilden wollen, oft vernachlässigt. Zum Kontext zählt dabei alles, was Sie umgibt einschließlich anderer Menschen und ausschließlich Ihrer selbst (Wood, 2024).

Greifen wir das Beispiel auf, dass Sie sich wünschen, im Arbeitsalltag konzentrierter Aufgaben zu erledigen und den Anteil fokussierter Arbeitszeit zu erhöhen. Wenn Sie hier den Kontext vernachlässigen, dann ist es schnell hinüber mit der Fokuszeit: Die eingeschaltete E-Mailbenachrichtigung lenkt die Aufmerksamkeit auf die Nachricht und weckt Neugier. Wenn Sie eine „offene Tür-Politik" im Team pflegen, um Absprachen zu erleichtern, werden Sie möglicherweise von Kolleg*innen gestört. Das klingelnde Diensttelefon oder die Smartwatch, die Sie mit Mitteilungen versorgt, lenken ebenfalls schnell die Aufmerksamkeit ab und sie tun andere Dinge als geplant. Solche Ereignisse dienen oft als Auslöser für andere Gewohnheiten, die dem neuen Vorhaben entgegenstehen – ohne dass Sie dies bewusst registrieren (Clear, 2020). Selbst das Smartphone im Sichtfeld kann dazu führen, dass wir es in die Hand nehmen und prüfen, ob wir eine neue Nachricht erhalten haben. Kein Wunder also, dass fokussierte Arbeit schwerfällt.

5.2 Wie Gewohnheiten (nicht) entstehen

Gewohnheiten – ob hilfreich oder nicht – funktionieren gut in stabilen Kontexten. Wenn sich die Umgebung nicht ändert, dann greift schnell die Macht der Gewohnheit. Wenn sich der Kontext ändert, besteht hingegen eine Chance, dass sich auch Gewohnheiten ändern (Wood, 2024). Daraus ergibt sich ein Ansatz, um alte Gewohnheiten zu durchbrechen sowie neue zu etablieren: Gestalten Sie die Umwelt oder ändern Sie den Kontext!

Einige Menschen berichten, dass sie im Homeoffice oft konzentrierter arbeiten können. Dies ist mit dem veränderten Kontext zu erklären. Doch der Kontext sollte nicht zu oberflächlich betrachtet werden. Denn auch im Homeoffice ist fokussiertes Arbeiten nicht garantiert, wenn die Umgebung zu anderen Handlungen verleitet (z. B. weil ständig der Paketbote für den Nachbarn klingelt oder Kinder Aufmerksamkeit verlangen). Zum anderen spielen auch hier kulturelle Aspekte eine Rolle. Wenn Erreichbarkeit einen hohen Wert hat und das ungeschriebene Gesetz gilt, auf Anrufe und Mails schnell zu reagieren, steht diese Art von Verwaltungskultur einem fokussierten Arbeiten im Weg. Der Gedanke daran, dass andere Menschen eine Erreichbarkeit erwarten, verleitet dann doch mal eben in die Mails zu schauen.

Um z. B. einen gewohnheitsfördernden Kontext für unser Beispiel des fokussierten Arbeitens herzustellen, können Sie sich agile Methoden zunutze machen, die Vereinbarungen auf Teamebene enthalten und so sozialen Kontext gestalten:

Beispiel

Auf Veronikas Anregung hin, hat ihr Team jeden Donnerstagvormittag eine Fokuszeit eingerichtet, zu der die Teammitglieder ihre E-Mail-Programme schließen und einen Anrufbeantworter für ihre ankommenden Anrufe einschalten. Gleichzeitig werden in dieser Zeit keine Termine wahrgenommen, sondern ausschließlich Arbeiten erledigt, für die sie fokussierte Zeit benötigen. Weil Funktionszeiten es erforderlich machen, dass das Team für interne und externe Kund*innen ansprechbar ist, bilden es Teilgruppen und nutzt zwei unterschiedliche Zeitfenster. Die eine Teilgruppe ist von 8 bis 9 Uhr, die andere von 10 bis 11 Uhr nicht erreichbar. Wichtige Kontextfaktoren betreffen hier den regelmäßigen Termin donnerstags als auch die gemeinsame Fokuszeit im Team. ◄

Beispiel

Pablo hat Veronikas Vorstoß mitbekommen und bringt einen ähnlichen Impuls in sein Team. Er hat von der Methode „Krötenzeit" gehört und möchte eine

Fokusstunde im Team dazu nutzen. Bei einer Krötenzeit werden To-dos erledigt, die zwar wichtig, aber bisher nie dringend genug waren, um erledigt zu werden, liebevoll „Kröten" genannt, die sich über die Zeit ansammeln und ggf. ein schlechtes Gewissen verursachen. Zu Beginn der Krötenzeit findet sich Pablos Team zusammen und die Kolleg*innen teilen jeweils, an welche Kröte sie sich wagen wollen. Zum Ende der Krötenzeit kommen erneut alle zusammen, teilen ihre Erfahrungen und sind froh, ein paar Aufgaben erledigt zu haben und diesen Ballast nicht mehr im Arbeitsalltag zu spüren.◄

▶ **Tipp:** Vielleicht lassen sich unliebsame Aufgaben untereinander tauschen, da die Teilnehmenden jeweils unterschiedliche Vorstellungen von (un)schönen Aufgaben haben.

Beispiel

Ahmed ist Multiplikator für eine neue Software. Er führt Schulungen für eine neue Software durch, die ganz anders zu bedienen ist als die alte Software. Damit die Kolleg*innen ihre Gewohnheiten schnell verändern, berücksichtigt er den Faktor „Kontext". In den Schulungen nehmen die Teilnehmenden daher bereits Einstellungen bei sich auf dem Rechner vor, die die Handhabung im Alltag erleichtern und Kontextreize setzen (z. B. das automatische Starten des Programmes oder das Anlegen von Favoriten bei der Suche).◄

Wiederholung
Ein weiterer wesentlicher Faktor, der Gewohnheiten ausmacht und zur Entstehung von Gewohnheiten beiträgt, ist die Wiederholung. Hinweisreize werden mit Handlungstendenzen verknüpft. Durch Wiederholung ergeben sich Trampelpfade, bei denen sich nach und nach immer breitere Wege abzeichnen.

Nehmen wir an, Sie haben im Team wie Veronika eine Fokuszeit eingerichtet. Immer mittwochs von 10 bis 11 Uhr ist die Fokusstunde. Doch wann wird diese Stunde zur Gewohnheit? Zu Beginn kostet uns ein neues Verhalten bewusste Entscheidungskraft. Über die Wiederholung entsteht eine Gewohnheit, bei der die Handlung automatisch ausgeführt wird (Wood, 2024). Ein Regeltermin im Kalender für eine Fokuszeit allein reicht allerdings noch nicht aus. Sie müssen erst oft genug den Regeltermin tatsächlich für die Fokuszeit nutzen und nicht für andere Tätigkeiten opfern.

5.2 Wie Gewohnheiten (nicht) entstehen

Doch was ist oft genug, damit eine neue Handlung zur Gewohnheit werden kann? Vielleicht haben Sie gehört, dass sich nach rund einem Monat eine neue Gewohnheit ausbildet. Dabei handelt es sich um einen Mythos oder ein Werbeversprechen (z. B. „In 30 Tagen zuckerfrei"). Die Anzahl der benötigten Wiederholungen variiert je nach Komplexität der neuen Gewohnheit und liegt, wie Studien zu gesundheitsförderlichem Verhalten und Sport zeigen, eher bei 60 bis 90 Tagen (Wood, 2024).

Wie beim Autofahren zeigt sich jedoch deutlich, dass die regelmäßige Wiederholung wesentlich für die Ausbildung von Gewohnheiten ist. Es braucht allerdings oft mehr Geduld, damit eine Gewohnheit entsteht, als wir annehmen. Wenn Sie in Ihrem Team den Raum für 15-minütige Dailys zur Verfügung stellen, um enge Kommunikation zu fördern, ist es notwendig, dass sie nicht nach den ersten Versuchen aufgeben. Um die Bildung von Gewohnheiten zu unterstützen und zu beschleunigen, braucht es noch einen dritten Faktor.

Belohnung

Weder Kontext und Wiederholung allein reichen zur Gewohnheitsbildung aus. Die Belohnung ist noch essenziell. Wenn Handlungen wiederkehrend belohnt werden, bilden sich schneller Trampelpfade aus.

Greifen wir das Beispiel der Fokuszeit auf. Belohnend können hier Emotionen wie Stolz sein, weil Arbeiten vorangebracht wurden oder die Erleichterung, dass unangenehme Aufgaben endlich vom Tisch sind. Auch ein gemeinsames Mittagessen nach der Fokusstunde im Team kann belohnend wirken. Belohnungen sollten im besten Fall sofort erfolgen.

Dies ist regelmäßig dann der Fall, wenn die Tätigkeit an sich Freude bereitet. Beispielsweise ermöglicht eine Fokuszeit ein gedankliches Abtauchen und erleichtert so genanntes Flow-Erleben, bei dem wir voll in der Aufgabe aufgehen. Dies ist dann oft von positiven Gefühlen begleitet, die als Belohnung wirken. Oft braucht es allerdings eine gewisse Zeit, bis sich solche Zustände einstellen und eine Tätigkeit intrinsische Belohnungen verspricht.

Bei anderen Handlungen kann es hilfreich sein, Sorge zu tragen, dass Belohnungen eintreten. Nehmen Sie an, Sie haben im Team ein regelmäßiges morgendliches Daily, bei dem alle Teammitglieder zusammenkommen können. Wenn Sie wollen, dass die Teilnahme an Dailys von sich aus zur Gewohnheit wird – ohne dass die Teilnahme verbindlich angeordnet ist – braucht es hier Anreize. Dies kann sein, dass Mitarbeitende in den Dailys Wertschätzung erfahren, gemeinsame Erfolge sichtbar werden oder Unterstützung erhalten können.

Interessanterweise wirken bei der Aufrechterhaltung von Gewohnheiten ungewisse Belohnungen am besten (Wood, 2024). Glücksspiele wie Spielautomaten machen sich dieses Prinzip zu Nutze, indem in unregelmäßigen Abständen kleinere Belohnungen ausgeschüttet werden, oft aber auch eine Belohnung ausbleibt. Diese Art von Belohnung sorgt dafür, dass die Gewohnheit robust bleibt: Auch bei ausbleibenden Belohnungen wird die Handlung aufrechterhalten.

Das Paradoxe: Während es für die Entstehung von Gewohnheiten Belohnung braucht, funktionieren einmal entstandene Gewohnheiten auch dann, wenn die Belohnung oft ausbleibt.

5.3 Wie Sie Gewohnheiten für Veränderungen nutzen

Erfolgreiche Veränderungen erfordern Ausdauer – gerade in Verwaltungen, deren Erfolg sich vor allem langfristig zeigt. Veränderungen sind nicht dann gelungen, in dem etwas einmalig getan wurde. Sie zeigen sich vor allem in der Konsistenz. Wenn Sie persönlich Ihr Verhalten ändern wollen, dann müssen Sie darauf achten, dass Sie das neue Verhalten auch beibehalten. Im besten Fall wird es schnell zur Gewohnheit. Auch Gruppen oder ganze Organisationseinheiten betrifft dies: Wenn in Folge einer Organisationsuntersuchung neue Prozesse gestaltet werden, müssen diese erst umgesetzt und schließlich Tag für Tag gelebt werden. Erfolgreiche Veränderungen erfordern sogar oft, dass neue Gewohnheiten alte Gewohnheiten ersetzen. Auf dem Weg besteht dann stets die Gefahr in alte Gewohnheiten zurückzufallen. Bildlich gesprochen: Sie dürfen nicht den alten Trampelpfad nutzen, sondern müssen einen neuen bilden.

Ganz gleich, ob Sie Ihr eigenes Verhalten ändern oder Sie Veränderungen bei anderen Menschen unterstützen wollen, die Kenntnis über die Entstehung von Gewohnheiten hilft Ihnen Veränderungen zu gestalten.

Das erfolgreiche Bilden von Gewohnheiten ist auf Ebene des einzelnen Menschen sogar identitätsstiftend. Gewohnheiten machen einen Teil der Persönlichkeit aus (Clear, 2020, Kuhl, 2010): Wir sind das, was wir gewohnheitsmäßig tun. Schlechte Gewohnheiten zeichnen die Macken von Menschen aus. Doch dies lässt sich auch umdrehen: Wenn Sie jemand sein wollen, der Veränderungen in Verwaltungen proaktiv gestaltet und sich nicht entmutigen lassen will, dann fangen Sie an, konstruktive Gewohnheiten zu entwickeln. Oft reichen dabei kleine Schritte, die sie mit Ausdauer verfolgen (Clear, 2020). Sie können beispielsweise einzelne Methoden aus diesem *essential* zur Gewohnheit machen und so Veränderungskompetenzen fördern, Widerstand konstruktiver begegnen oder Lernen effektiver gestalten.

In Gruppen entstehen durch gemeinsames, gewohnheitsmäßiges Handeln Erwartungen, die ein wesentlicher Bestandteil der Kultur sind (Kühl, 2018). Hieraus ergibt sich auch ein Ansatz der Kulturentwicklung: Je mehr Menschen in einer Gruppe ihre Gewohnheiten anpassen, desto eher bilden sich neue Kulturen heraus. Gewohnheiten anderer bilden wiederum einen sozialen Kontext, der auch Auslöser für die Gewohnheit weiterer Menschen sein kann. Dies kann z. B. dazu führen, dass ein Team gemeinsam die Mittagspause verbringt oder bei aufkommenden Problemen informelles Lernen wahrscheinlich wird, indem z. B. gegenseitig Feedback eingeholt wird (Abschn. 4.2).

Sie haben nun erfahren, wie Gewohnheiten entstehen und auch in den Beispielen bereits Methoden wie die Fokus- und Krötenzeit kennengelernt, die Sie nutzen können, um den Kontext zu gestalten.

5.4 Methoden zur Unterstützung von Gewohnheiten

Der Einsatz von Methoden schafft Struktur. In Teams angewendet, fördern Methoden einen sozialen Kontext, der es leichter macht, Verhalten zu zeigen (z. B. in einen konstruktiven Austausch zu gehen oder sicherstellen, dass Ergebnisse entstehen). Ausgangspunkt zur Gestaltung von Gewohnheiten kann eine methodisch gestützte Reflexion mithilfe der Seestern-Methode sein.

Seestern-Methode
Bei der Seestern-Methode (z. B. Michl, 2023) werden fünf Fragen gestellt, die optimalerweise erfahrungsgemäß alle Personen zunächst nur für sich beantworten. Anschließend werden die Fragen einzeln nach und nach besprochen. Es empfiehlt sich in der aufgeführten Reihenfolge vorzugehen, um positive und negative Gesprächsdynamiken in der Waage zu halten. Nachfolgend finden Sie auch zu jeder Frage ergänzend Informationen für die Moderation – der Fokus sollte jedoch auf den fünf Fragen liegen.

> **Leitfragen Reflexion mit der Seestern-Methode**
>
> - Wovon wollen wir mehr? (Gutes, was wir intensivieren möchten.)
> - Wovon wollen wir weniger? (Schlechtes, welches wir minimieren möchten.)
> - Womit wollen wir weiter machen? (Hier können Erfolge gefeiert werden.)
> - Womit wollen wir stoppen? (Dealbreaker, die es unbedingt zu vermeiden gilt.)
> - Womit wollen wir anfangen? (Diese Frage eignet sich gut für Innovationsgedanken.) (Abb. 5.2)

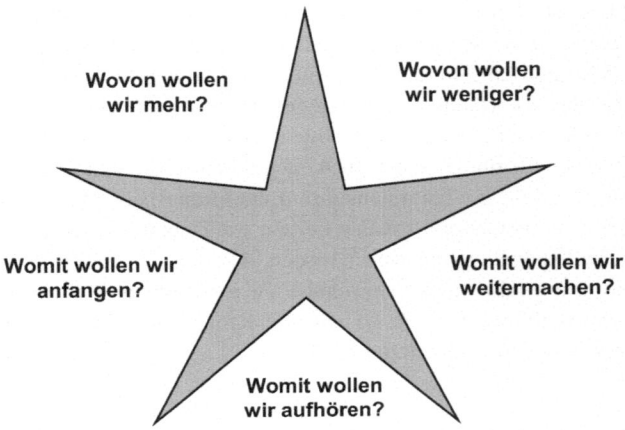

Abb. 5.2 Die Seesternmethode als Visualisierung

Verhalten beobachten und Arbeitsumgebung anpassen
Wenn feststeht, welches Verhalten zur Gewohnheit werden soll oder welche Gewohnheiten ersetzt werden sollen, kann die physische Arbeitsumgebung direkt angepasst werden. Konkret können Ablenkungen aus der Arbeitsumgebung entfernt und durch andere Gegenstände ersetzt werden, die es erleichtern, das Verhalten gewohnheitsmäßig zu zeigen. Wenn Sie beispielsweise Notizen bei Telefonaten und Webkonferenzen auf unterschiedlichen Zetteln machen und diese Gewohnheit ersetzen wollen, kann es sinnvoll sein, sämtliche Klebezettel aus dem Sichtfeld zu entfernen und durch eine einfache Liste zu ersetzen. Auf Teamebene können dies gemeinsame Vorlagen (z. B. Tagesordnungen mit Fragenstellungen) sein. Hilfreich kann es sein, einige Zeit das eigene Verhalten zu beobachten, um zu erfassen, was nützlich ist. *Vorsätze* mit einer *Wenn-Dann-Form* („Wenn ich ins Büro komme und mich auf den Stuhl gesetzt habe, plane ich als Erstes für 5 min meinen Tag") können helfen, Auslöser zu nutzen, um Handlungen in Gang zu setzen (Gollwitzer, 2012).

In Bezug auf den Faktor **Wiederholung** eignen sich Routine-Termine (Dailys, Weeklys) oder einfache Maßnahmen wie die regelmäßige Aufnahme eines Themas auf die Tagesordnung eines Besprechungsformats (z. B. Teambesprechung).

Wenn Sie selbst Veränderungsziele verfolgen und neue Gewohnheiten aufbauen wollen, können Sie sich ebenfalls Termine setzen und in *Timeboxing* neue Verhaltensweisen zur Regel machen (Abschn. 2.3).

5.4 Methoden zur Unterstützung von Gewohnheiten

Zusätzlich können Sie *Visualisierungstechniken* nutzen, um im Kopfkino Abläufe immer wieder durchzuspielen, um die Bildung von Gewohnheiten zu unterstützen (Divine & Astill, 2025). Stellen Sie sich vor, wie Sie das neue Verhalten ausüben und welche Schritte dazu führen, dass Sie die gewünschte Handlung aufnehmen (z. B. morgens, wenn Sie die Arbeit beginnen). Das Kopfkino ersetzt das Handeln nicht, es ergänzt es jedoch. Sie können so gedanklich Verhalten wiederholen.

Beim Faktor **Belohnung** wird es anspruchsvoller. Aller Anfang ist bekanntlich schwer. Ein methodisches Vorgehen insgesamt hilft, dass Zeit effizienter und zielgerichteter genutzt wird. Am Ende steht eher ein Ergebnis und die Selbstwirksamkeit steigt.

Methoden wie die *Pomodoro-Technik* (Abschn. 2.3) knüpfen an Ansätzen an, in kleinen Schritten zum Erfolg zu kommen und durch ein Innehalten auch Fortschritte zu erkennen (Clear, 2020).

Ansonsten kann sich das, was als Belohnung und als wünschenswert betrachtet wird, zwischen Personen und Teams unterscheiden. Hier bedarf es einer Auseinandersetzung mit den Wünschen der beteiligten Personen, die ggf. eine Portion Kreativität erfordert. Zu Reflexionsmethoden wären hier somit ergänzend Kreativitätsmethoden empfehlenswert, die zu einem Perspektivwechsel anregen oder den Rahmen zum Finden von Lösungen erweitern. Ein schneller Kreativitätshack, um sich auf eine Belohnungs-Findungsphase einzustimmen, könnte die Methode „5 ways to use" sein.

5 ways to use
Bei dieser Methode ist der Name Programm. Sie benötigen lediglich einen Alltagsgegenstand, z. B. eine Tasse und dann lautet die Frage: Wie kann ich diese Tasse nutzen, außer aus ihr zu trinken (bzw. wofür auch immer der ausgesuchte Alltagsgegenstand sonst bestimmt ist) und jede Person schreibt für sich fünf Möglichkeiten auf. Diese werden anschließend mit allen geteilt: sorgt erfahrungsgemäß für eine gute Atmosphäre und erleichtert das „outside the box"-Denken für die kommende Phase. Sich alternative Verwendungen von Gegenständen auszudenken, ist ein klassischer Ansatz, um Kreativität zu erfassen (Krampen, 2019), sodass die Methode hieran anknüpft. Im englischen Sprachgebrauch wird regelmäßig „5 ways to use" als Redewendung genutzt, z. B. „5 way to use AI" oder „5 ways to use technology for teaching".

Eine andere Möglichkeit, um zu guten Ideen für Belohnungen zu kommen könnte die Walt-Disney-Methode sein, die nach dem berühmten Filmproduzenten und Erfinder dieses Vorgehens benannt wurde.

Walt-Disney-Methode
Bei der Walt-Disney-Methode (z. B. Schawel et al., 2014) kommt es auf den Perspektivwechsel an, der durch drei „Rollen" eingenommen wird, oft auch dargestellt durch drei Stühle, auf die sich die Personen setzen sollen. Auf dem einen Stuhl ist die Person vollkommen frei unterwegs, alles ist erlaubt und es gibt keine Grenzen in der Vorstellungsmacht: das ist der Träumer*innen-Stuhl. Daneben gibt es noch die Stühle des Realisten – diese Person sucht nach pragmatischen Lösungen – und des*der Kritiker*in, die jeweils nach Stärken und vor allem auch Schwächen der Ideen schaut.

Der Vorteil von solchen Methoden ist, dass die spielerischen Elemente oft auflockern und dann auch positive Gefühle hervorlocken, die ebenfalls an sich motivierend sind.

Neben der Durchführung von Methoden lässt sich Verwaltungskultur auch durch Rollen prägen. So können z. B. Moderator*innen in Besprechungen regelmäßig dazu beitragen, dass z. B. schlechte Gewohnheiten, wie das Überziehen von Meetings, verhindert oder zumindest gemindert werden. Gleichzeitig können diese in Meetings z. B. dazu beitragen, dass gute Gewohnheiten wie Timeboxing, frühzeitiges Feedback und interdisziplinäres Arbeiten auch tatsächlich gelebt werden.

5.5 Take away Botschaften

- Gewohnheiten machen einen Großteil menschlichen Verhaltens aus und stiften Identität.
- Gewohnheiten sind ein fester Bestandteil von Verwaltungen und oft drückt sich die Verwaltungskultur in eingespielten Abläufen aus.
- Nachhaltige Veränderungen erfordern in den meisten Fällen den Aufbau neuer Gewohnheiten, die oft auch alte Gewohnheiten ersetzen.
- Das Ausbilden neuer Gewohnheiten erleichtert Veränderungen. Die Gestaltung von Kontext sowie Prinzipien der Wiederholung und Belohnung sind hier Stellschrauben.
- Methoden können genutzt werden, um Kontext zu gestalten und den Raum für Wiederholung und Belohnung zu eröffnen, z. B. Fokuszeit, Seestern-Reflexion oder Kreativitätshacks wie 5 ways to use.

Was Sie aus diesem *essential* mitnehmen können

- Verwaltungen bewegen sich zwischen Stabilität und Veränderungen.
- Veränderungen bedrohen oft Ressourcen wie Status, Autonomie, Kompetenzerleben und lösen Stress aus.
- Veränderungskompetenzen wie das Wissen über eigene Werte, allgemeine Arbeitsmethoden und relevante Netzwerkkontakte, Veränderungsbereitschaft, Selbstregulation und -kontrolle, Resilienz und Stressbewältigung und Problemlöse- und Lernfähigkeit werden wichtiger.
- Veränderungskompetenzen sollten frühzeitig aufgebaut werden, nicht erst bei einem anstehenden Veränderungsvorhaben.
- Widerstände sind typische Phänomene in Veränderungsprozessen. Statt diese zu bekämpfen, können Sie aus Bedenken und Befürchtungen wertvolle Informationen für die Ausgestaltung von Veränderungen gewinnen. Widerstände willkommen zu heißen, ist Grundlage für eine moderne Verwaltungskultur.
- Gelernt wird in Verwaltungen nicht nur formal in Fortbildungen, sondern auch informell und selbstreguliert. Das Ausprobieren z. B. in kleinen Experimentierräumen im Alltag, hilft sich auf zukünftige Anforderungen besser vorzubereiten.
- Fehler sind unausweichlich. Sie zu erwarten ist Bestandteil einer konstruktiven Fehlerkultur und bietet zudem die Chance aus ihnen zu lernen.
- Gewohnheiten prägen den Verwaltungsalltag und oft drückt sich die Verwaltungskultur in eingespielten Abläufen aus. Das Ausbilden neuer Gewohnheiten erleichtert Veränderungen. Die Gestaltung von Kontext sowie Prinzipien der Wiederholung und Belohnung sind hier Stellschrauben.
- Methoden können Sie über alle Themen hinweg unterstützen, z. B. beim Umgang mit Widerständen oder bei der Bildung von Gewohnheiten.

Literatur

Alvesson, M. (2012). *Understanding organizational culture*. Sage.
Amrhein, P. C., Miller, W. R., Yahne, C. E., Palmer, M., & Fulcher, L. (2003). Client commitment language during motivational interviewing predicts drug use outcomes. *Journal of consulting and clinical psychology, 71*(5), 862. https://doi.org/10.1037/0022-006X.71.5.862.
Apelt, M., & Männle, P. (2023). Organisation(en) der öffentlichen Verwaltung. In M. Apelt & V. Tacke (Hrsg.), *Handbuch Organisationstypen* (S. 165–190). Springer.
Brandstätter, V., & Bernecker, K. (2022). Persistence and disengagement in personal goal pursuit. *Annual Review of Psychology, 73*(1), 271–299. https://doi.org/10.1146/annurev-psych-020821-110710.
Brehm, J. W. (1966). *A theory of psychological reactance*. Academic.
Cirillo, F. (2018). *The pomodoro technique*. Currency.
Clear, J. (2020). *Die 1 % Methode*. Goldmann.
Covey, S. R. (1989). *The 7 habits of highly effective people: powerful lessons in personal change*. Franklin Covey.
Decius, J. (2024). Das Potenzial des informellen Lernens am Arbeitsplatz. *Psychologische Rundschau*. https://doi.org/10.1026/0033-3042/a000686.
DeFillippi, R. J., & Arthur, M. B. (1994). The boundaryless career: A competency-based perspective. *Journal of Organizational Behavior, 15*(4), 307–324. https://doi.org/10.1002/job.4030150403.
Divine, A., & Astill, S. (2025). Reinforcing implementation intentions with imagery increases physical activity habit strength and behaviour. *British Journal of Health Psychology, 30*(2), 1–19. https://doi.org/10.1111/bjhp.12795.
Edmondson, A. C., & Lei, Z. (2014). Psychological safety: The history, renaissance, and future of an interpersonal construct. *Annual Review of Organizational Psychology and Organizational Behavior, 1*(1), 23–43. https://doi.org/10.1146/annurev-orgpsych-031413-091305.
Endrejat, P. C., & Meinecke, A. L. (2021). *Kommunikation in Veränderungsprozessen*. Springer.
Farjoun, M. (2010). Beyond dualism: Stability and change as a duality. *Academy of management review, 35*(2), 202–225. https://doi.org/10.5465/amr.35.2.zok202.

Ford, J. D., Ford, L. W., & D'amelio, A. (2008). Resistance to change: The rest of the story. *Academy of Management Review, 33*(2), 362–377. https://doi.org/10.5465/amr.2008.3119 3235.

Frazier, M. L., Fainshmidt, S., Klinger, R. L., Pezeshkan, A., & Vracheva, V. (2017). Psychological safety: A meta-analytic review and extension. *Personnel Psychology, 70*(1), 113–165. https://doi.org/10.1111/peps.12183.

Frese, M., & Keith, N. (2015). Action errors, error management, and learning in organizations. *Annual Review of Psychology, 66*(1), 661–687.

Gollwitzer, P. M. (2012). Mindset theory of action phases. In P. A. M. Van Lange, A. W. Kruglanski, & E. T. Higgins (Hrsg.), *Handbook of theories of social psychology* (Bd. 1, S. 526–545). Sage.

Güntner, A. V., Endrejat, P. C., & Kauffeld, S. (2019). Guiding change: Using motivational interviewing within organizations. *Gruppe. Interaktion. Organisation. Zeitschrift für Angewandte Organisationspsychologie, 50*(2), 129–139.

Güntner, A. V., Klonek, F. E., Lehmann-Willenbrock, N., & Kauffeld, S. (2020). Follower behavior renders leader behavior endogenous: The simultaneity problem, estimation challenges, and solutions. *The Leadership Quarterly, 31*(6), 101441. https://doi.org/10.1016/j.leaqua.2020.101441.

Häusling, A., Römer, E., & Zeppenfeld, N. (2019). *Praxisbuch Agilität: Tools für Personal- und Organisationsentwicklung*. Haufe-Lexware.

Hobfoll, S. E., Halbesleben, J., Neveu, J. P., & Westman, M. (2018). Conservation of resources in the organizational context: The reality of resources and their consequences. *Annual Review of Organizational Psychology and Organizational Behavior, 5*, 103–128. https://doi.org/10.1146/annurev-orgpsych-032117-104640.

Inzlicht, M., Werner, K. M., Briskin, J. L., & Roberts, B. W. (2021). Integrating models of self-regulation. *Annual Review of Psychology, 72*(1), 319–345. https://doi.org/10.1146/annurev-psych-061020-105721.

Kahneman, D. (2011). *Fast and slow thinking*. Allen Lane and Penguin Books.

Kaduk, S., Osmetz, D., & Rödel, S. (2021). *Sprechblasen der Organisationskultur*. Beltz.

Kauffeld, S., & Paulsen, H. (2018). *Kompetenzmanagement in Unternehmen*. Kohlhammer.

Klonek, F. E., & Kauffeld, S. (2012). „Muss, kann... oder will ich was verändern?" Welche Chancen bietet die Motivierende Gesprächsführung in Organisationen. *Wirtschaftspsychologie, 14*(4), 58–71.

Klonek, F. E., Lehmann-Willenbrock, N., & Kauffeld, S. (2014). Dynamics of resistance to change: A sequential analysis of change agents in action. *Journal of Change Management, 14*(3), 334–360. https://doi.org/10.1080/14697017.2014.896392.

Krampen, G. (2019). *Psychologie der Kreativität: Divergentes Denken und Handeln in Forschung und Praxis*. Hogrefe.

Kortsch, T., Paulsen, H., & Kauffeld, S. (2019). Lernkultur in Unternehmen–wie man sie messen und gestalten kann. *Wirtschaftspsychologie aktuell, 2*, 27–32.

Kortsch, T., Decius, J., & Paulsen, H. (2024). *Lernen in Unternehmen: Formal, informell, selbstreguliert*. Hogrefe.

Kuhl, J. (2010). *Lehrbnbuch der Persönlichkeitspsychologie*. Hogrefe.

Kühl, S. (2018). *Organisationskulturen beeinflussen: Eine sehr kurze Einführung*. Springer.

Lazarus, R. S. (1993). Coping theory and research: Past, present, and future. *Psychosomatic Medicine, 55*(3), 234–247.

Lipmanowicz, H., & McCandless, K. (2013). *The surprising power of liberating structures: Simple rules to unleash a culture of innovation*. Liberating Structures Press.
Luhmann, N. (2021). *Die Grenzen der Verwaltung*. Suhrkamp.
Michl, T. (2023, August 15). Aus der agilen Methodenkiste: Kontinuierliche Verbesserung durch Retrospektiven. Agile Verwaltung. https://agile-verwaltung.org/2016/09/15/aus-der-agilen-methodenkisten-kontinulierliche-verbesserung-durch-retrospektiven/
Oettingen, G. (2015). *Psychologie des Gelingens*. Pattloch.
Paulsen, H., Kortsch, T., & Decius, J. (2024). Paradoxes in work-related learning - and how they are perceived by practitioners. *Gruppe. Interaktion. Organisation. Zeitschrift für Angewandte Organisationspsychologie, 55*(3), 281–292. https://doi.org/10.1007/s11612-024-00755-3
Paulsen, H., Ngassa Djomo, K., & Schwarz, C. (2025). Mit Feedforward die Zusammenarbeit stärken. *Wirtschaftspsychologie aktuell, 1*, 34–41.
Petermann, M. K. H., & Zacher, H. (2021). Development of a behavioral taxonomy of agility in the workplace. *International Journal of Managing Projects in Business, 14*(6), 1383–1405. https://doi.org/10.1108/IJMPB-02-2021-0051.
Pronin, E., & Kugler, M. B. (2010). People believe they have more free will than others. *Proceedings of the National Academy of Sciences, 107*(52), 22469–22474. https://doi.org/10.1073/pnas.1012046108.
Prochaska, J. O., & DiClemente, C. C. (1983). Stages and processes of self-change of smoking: Toward an integrative model of change. *Journal of Consulting and Clinical Psychology, 51*(3), 390–395. https://doi.org/10.1037//0022-006X.51.3.390.
Reichard, C., Veit, S., & Wewer, G. (2019). Verwaltungsreform – eine Daueraufgabe. In: Veit, S., Reichard, C., Wewer, G. (Hrsg.) *Handbuch zur Verwaltungsreform*. Springer VS. https://doi.org/10.1007/978-3-658-21563-7_67
Sauter, R., Sauter, W., & Wolfig, R. (2018). *Agile Werte- und Kompetenzentwicklung*. Springer Gabler.
Schawel, C., Billing, F., Schawel, C., & Billing, F. (2014). *Top 100 management tools*. Springer.
Schein, E. H. (2010). *Organizational culture and leadership* (4th Edition). Wiley.
Sonnentag, S., & Fritz, C. (2007). The recovery experience questionnaire: Development and validation of a measure for assessing recuperation and unwinding from work. *Journal of Occupational Health Psychology, 12*(3), 204. https://doi.org/10.1037/1076-8998.12.3.204.
Troy, A. S., Willroth, E. C., Shallcross, A. J., Giuliani, N. R., Gross, J. J., & Mauss, I. B. (2023). Psychological resilience: An affect-regulation framework. *Annual Review of Psychology, 74*(1), 547–576. https://doi.org/10.1146/annurev-psych-020122-041854.
Ulich, D., & Bösel, R. M. (2005). *Einführung in die Psychologie*. Kohlhammer.
Verplanken, B., & Orbell, S. (2022). Attitudes, habits, and behavior change. *Annual Review of Psychology, 73*(1), 327–352. https://doi.org/10.1146/annurev-psych-020821-011744.
Wood, W. (2024). *Good Habits, Bad Habits - Gewohnheiten für immer ändern*. Piper.

The manufacturer's authorised representative in the EU is Springer Nature Customer Service Centre GmbH, Europaplatz 3, 69115 Heidelberg, Germany. If you have any concerns regarding our products, please contact ProductSafety@springernature.com

Printed and bound by CPI Group (UK) Ltd, Croydon, CR0 4YY
23/03/2026
02076400-0005